学龄前儿童数学启蒙实战

梁晓燕 —— 著

清华大学出版社

北京

内 容 简 介

本书主要讲解学龄前儿童如何通过操作一系列数学教具来进行数学启蒙。这些丰富的数学教具是孩子数学启蒙要用的辅助材料，根据孩子的需要及发展特点而设计，每一个教具都蕴含了数学的基本概念。孩子反复操作教具、自行探索，目的是习得教具背后抽象的数学概念，从具体过渡到抽象概念的学习，培养对数学的感知能力和独立思考的习惯。

本书分10章来介绍学龄前儿童数学启蒙教具实操。第1章是数学启蒙的概述，会讲到数学启蒙的年龄、原则、方法和教具说明等；第2章介绍的是生活中的数学启蒙；第3章是感官数学启蒙；第4章到第10章是真正意义上的数学知识部分，内容会涵盖小学三年级之前的大部分数学知识点。

本书内容通俗易懂，实用性强，特别适合希望在家做数学启蒙的0~8岁孩子家长阅读。

图书在版编目(CIP)数据

学龄前儿童数学启蒙实战 / 梁晓燕著 . —北京：清华大学出版社，2022.5
ISBN 978-7-302-60588-1

Ⅰ.①学… Ⅱ.①梁… Ⅲ.①数学课－学前教育－教学参考资料
Ⅳ.① G613.4

中国版本图书馆 CIP 数据核字 (2022) 第 064559 号

责任编辑：张立红
封面设计：蔡小波
版式设计：方加青
责任校对：赵伟玉
责任印制：杨 艳

出版发行：清华大学出版社
    网   址：http://www.tup.com.cn，http://www.wqbook.com
    地   址：北京清华大学学研大厦 A 座   邮   编：100084
    社 总 机：010-83470000   邮   购：010-62786544
    投稿与读者服务：010-62776969，c-service@tup.tsinghua.edu.cn
    质 量 反 馈：010-62772015，zhiliang@tup.tsinghua.edu.cn
印 装 者：三河市东方印刷有限公司
经 销：全国新华书店
开 本：145mm×210mm   印 张：9 字 数：203 千字
版 次：2022 年 6 月第 1 版   印 次：2022 年 6 月第 1 次印刷
定 价：69.00 元

产品编号：093524-01

种下一颗数学的种子

数学是基础学科，有不少人很喜爱它。但它是许多人眼里较难学习的一个科目，甚至很多人把它当作升学和选拔考试的"拦路虎"。

诚然，数学解题需要运用人脑的抽象思维能力和逻辑思维能力，但很少有人会思考这些能力究竟是怎么来的。它们是随着年龄的增长而来的吗？

从幼儿园到小学，孩子的抽象思维能力和逻辑思维能力从无到有，从初步建立到逐步发展，确实和年龄增长相关，并且凝聚着孩子几年来所获得的生活经验和感官经验。

有些孩子在他的生活中对数学这一领域的东西看得多，听得多，接触得多，探索得多，总结得多，这得益于他所处的环境，尤其是家庭教育能够提供给孩子的良好环境。

良好的环境，包括环境中的事物和环境中的人。环境中的事物适合孩子当下能力的发展，环境中的人能让孩子及时得到帮助和启发。只要孩子准备好了，即对某一事物进入敏感期和兴趣期了，便可以循序渐进地去接受某一项能力的培养。

如果学数学仅仅是盯着题目，寻求正确的答案，为了做题而做题，那便失去了意义。对孩子来说，这是被动的。数学变得不那么美好，这样很难唤起孩子对数学的兴趣和探索欲望，尤其是启蒙阶段，建议不要这样做。即使是做题，我们也最好能从实际生活切入进行引导，多给孩子开放式的提问，多问为什么而不是急于告知答案。另外，对孩子犯错要给予一定的包容。

然而，调动孩子探索数学的积极性和从具象的生活中引导并非易事。运用数学教具就是一种不错的方法，甚至会让很多第一次接触它的成年人对数学有新的认识，发现原来数学可以这样学。

运用数学教具改变了传统抽象化教学的方式，把数学概念和公式用特制的教具一一呈现，重在通过动手操作获取实战经验，让数学概念变得简单、清晰、易懂；继而通过一些教具慢慢过渡到抽象。这样一来，孩子不仅理解透彻，对概念性的总结也不再陌生，最重要的是，这所有的步骤都是孩子独自完成的。而我们只需观察，在孩子需要帮助的时候再出面。

这便是我写这本书的初衷，把更符合孩子数学启蒙的理念和方法推荐给大家，使大家对数学启蒙有一些改观，让大多数孩子，甚至是对数学不那么敏感、没有天赋的孩子能够对数学产生兴趣和好感。

是的，数学启蒙不再是一个空洞且晦涩难懂的过程，更不是只有一堆符号和公式的启蒙。孩子能感受到数学的有趣，明白数学是可以被理解的。数学知识既可以应用到高科技领域，也能帮助我们解决生活中的很多实际问题。它源于生活，且就在我们的身边。

因本人水平有限，如有不当之处，还请读者多多包涵和指正！

目 录

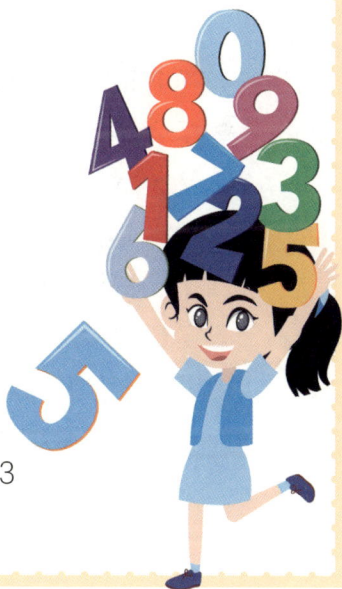

第1章

家长必知的
数学启蒙要点

　　学龄前儿童的数学启蒙主要依靠在生活中操作实物和数学教具，获取形象而具体的数学经验，在感官体验和实践过后，再慢慢过渡到抽象的数学概念和公式的学习，由此自然而然地开发数学心智。

　　数学启蒙需要先具体，后抽象，这符合孩子身心发展和认知事物规律的特点。我们只需要为孩子提供一个合适的操作环境，保证环境中有用来培养孩子数学能力的事物。孩子处在这样的环境中，在数学敏感期到来的时候，便会主动探索并获得相应的数学经验。

　　这一章将总体介绍学龄前儿童数学启蒙的相关要点。在具体实操之前，可以了解到孩子数学启蒙的一系列重要事项。

1.1 从几岁开始启蒙？

家长要明白数学不仅仅是算术，即使孩子在两三岁时会数数，会脱口而出"1+1=2"，也不能代表孩子具有任何数学天赋。真正的数学启蒙最早要从满2周岁开始。

若孩子表现出明显的兴趣，家长可以陪着孩子进行一些实物数数的启蒙，用手和眼睛感知一下几何形状。一般来说，孩子在4岁前后才会进入数字符号敏感期，这时候，家长可以带着孩子认识数字1～10，同时利用实物来数数。当然，很多孩子在5～6岁也会有一段时间的数字敏感期，家长要仔细观察。

如果孩子对数字迟迟不感兴趣，家长就要反思提供的启蒙环境中是否缺乏必要的辅助工具，如数学教具。

用来做数学启蒙的教具一般会根据孩子普遍的敏感期给出年龄的参考范围，家长宜根据孩子的情况具体分析，无须严格按此年龄范围来进行实操。

例如，教具数棒的参考年龄是4岁。数棒是学习数字1～10的入门教具，需要一定的感官教具使用经验。用数棒的孩子至少需要知道事物的长和短，会数数。感官教具经验丰富的孩子可能在3.5～4岁就能操作这个教具；感官教具经验不足的孩子可能在4岁时还无法熟练操作这一教具；而五六岁的孩子操作数棒，会感觉比较简单。这些都是正常现象，要关注每一个孩子的实际情况，不必拘泥于年龄的限制。

1.2 家长要遵守哪些原则?

理解和把握数学启蒙的原则,是进行数学启蒙的前提。这些原则贯穿在整个数学启蒙教育阶段,需要家长牢记于心。

1.2.1 让孩子有充分的自由去选择和探索

著名的教育学家蒙台梭利在《童年的秘密》里提到"孩子擅长在自由活动中建立规则""当孩子被放在自然环境里,他会显示出自己的能力"。

与孩子相处,爱与自由是根本,孩子和大人一样,具有独立的人格。尊重孩子的意愿,在一定秩序下,由孩子自己进行自由选择和探索,是一项最基本的原则,也是孩子的基本权利。

大人需要观察孩子,做一些必要的铺垫和引导,而最好不要强迫孩子去进行某项学习。尤其是针对5岁以下的孩子,有好的切入点和实物帮助,他们才会对新鲜事物有好奇心,其中就包括对数学的学习。

另外,当孩子开始探索数学时,你也许会发现孩子出现一些难以理解的想法或做法,这时要尽可能给予他们空间,可以多做启发,多问为什么,多和他们一起去书里寻找正确的解释,而不是去做过多纠正式的干涉。

1.2.2 尊重孩子的节奏,观察孩子的敏感期

敏感期是生命馈赠给孩子的礼物。一般而言,孩子0~6岁时会出现7个重要的敏感期:运动期、感觉期、语言期、秩

序期、行为期、数字期和阅读期。在敏感期来临的时候，孩子会对某一具体的事物或技能产生极大的兴趣，自发而积极地通过重复练习去达到完美。

敏感期出现后通常会持续一段时间，时间不太长，等孩子成长一段时间后，又再次密集出现。如果孩子刚好处在敏感期，又同时处在有准备的环境之中，能够接触到他们感兴趣的事物，那么，他们特别的敏感性和吸收性心智就会产生奇特的作用，被激发出自动自发的探索精神，这个时候的学习会起到事半功倍的效果。

那么，当孩子正处在某一敏感期时，家长应该怎么做呢？

首先，家长要意识到孩子在不同的发展阶段，有着不同的敏感期；其次，没有两个完全一样的孩子，即使在众多同龄孩子之中，也时常会有性格迥异、兴趣点完全不同、同一敏感期出现或早或晚的情况。在了解孩子成长规律的同时，家长也要细心观察孩子的个体特点。

例如，大部分孩子在4岁左右进入数字敏感期。有的孩子数字敏感期到来得早一点，可能3岁8个月时就开始对各种数字符号感兴趣；有的孩子数字敏感期来得晚一点，可能4岁半才到来，这些都是正常的。

这时候，家长需要先有"孩子在4岁左右进入数字敏感期"这一认知，再细心观察孩子是否有进入这一敏感期的迹象，如果还没有，不用着急，也不用比较，给孩子提供一个"准备好的环境"，然后耐心地等待即可。

"准备好的环境"，就是环境中有孩子可以经常接触到的数学语言、数字符号和数学教具等。

让孩子发现和观察电梯里代表楼层的数字，家里摆放一些几何形状的物体，平时看得见、听得见、摸得着的就是环境，教师和家长也是环境的一部分。当敏感期到来的时候，孩子自发的内在动力会指引他们在所处的环境中去搜索和选择，他们会不自觉地提出各种与数字相关的问题。

> **注意**
>
> "吸收性心智"是一种让0~6岁的孩子吸收和内化生活体验从而得到成长的心智。从出生到3岁是无意识地吸收，3~6岁是有意识地吸收。孩子在"准备好的环境"中逐步建构自己的人格。

1.2.3 从具体到抽象，从简单到复杂

学龄前儿童的思维是具体的形象思维，而数学是抽象的学科。要让这个年龄段的孩子理解抽象的概念，拿空洞的概念和符号作为出发点是不合适的。我们十分重视感官经验，结合孩子已有的生活经验、能听得懂的话语，配合使用具体的实物教具，帮助他们去感知、理解概念和符号背后的实际含义。这样一来，他们才能发现概念并不难，只不过是从丰富而具体的大千世界中总结和抽象出来的而已。

孩子的认知过程符合这样的规律：从某一熟悉的具体案例出发→抽象出共性的概念→推导出符合概念的任意的具体例子。

例如，对于初次接触加法概念的学龄前儿童来说，这一概念是抽象的。所以在引入加法的时候，家长可以避免直接说"加法"这个词，而是替换成孩子看得见的实物，用他们听得懂的语言，结合生活中常见的例子，从最简单、最具体

的东西开始介绍。比如，"爸爸给你1本书，妈妈也给你1本书，你把爸爸和妈妈给你的书摆放在一起，请问一共是几本书？"一开始，家长让孩子拿实物操作，还可以替换不同的实物。当有了足够的实操经验后，孩子会慢慢发现：只要数字不变，跟是什么东西没有太大关系，继而可以过渡到1个和1个加在一起是2个的认知上面。这个时候，家长再告诉孩子1和1加在一起就是2，这就是加法。这样，孩子才能在有了具象经验后，真正理解加法的含义。

当然，加法是很简单的概念，在介绍其他更复杂的数学概念时，比如乘法和十进制，也需要从具体事物和简单逻辑出发，先把概念背后蕴含的本质弄清楚。

如何弄清楚？在生活中找到真实而具体的物体，这个时候数学教具这样的特制工具就特别适合孩子。教具的作用和意义正是把复杂的问题简单化，抽象的问题具体化！

例如，十进制这一抽象概念，孩子通过反复操作看得见、摸得着的金色串珠十进位教具，在获得充足的经验之后，数学心智就自然而然地形成，并且对知识的理解也一通百通了。

1.2.4　重视过程理解和反复工作

数学作为基础学科，不仅仅是做题、得出正确答案那么简单，还特别考验过程推导和逻辑思维能力。对于做数学题，记住某个正确的答案或者光学不练、不总结是无意义且学不好的。只有倾注自身的独立思考能力，把解题思路和过程清晰地展示出来，提高逻辑思维能力和思辨力，才是学习数学的真正目的。

所以，知其然也要知其所以然，数学启蒙阶段，千万不能走入死记硬背的误区，要把着眼点集中到对过程和概念的理解上来。数学知识点众多，且环环相扣，解题过程也是如此，如果在某一个地方模棱两可，一定会影响到后面知识的学习和理解。像这样的知识盲点，是需要重点攻克的，要拒绝知识理解的中间地带。

那如何发现知识盲点？这就需要进行反复的练习和操作。

有的家长告诉我，孩子用银行仓库教具做万以内加减法一段时间之后，每当碰到不同的问题，需要孩子动脑筋自己解决问题、活学活用的时候，她才发现反复练习教具的必要性和积极意义。正是在反复操作和练习的过程中，通过千变万化而又万变不离其宗的题目，孩子操作相应的教具，进行独立思考，反复纠错、反复启发、反复习得、反复验证，每一次都能获得新感悟和新发现，再后来，这种类型的加减法题目怎么也难不倒孩子了，这才算是真正掌握了这类问题的本质。

所以，进行数学启蒙和学其他知识一样，只做一遍尝试是远远不够的。第一遍操作可能接收到全部知识的50%，第二遍再增加20%的理解，第三遍增加10%，第四遍增加10%，甚至还要进行第五遍操作，直至完全理解和掌握全部的内容。带着问题对同一事物反复地操作和探索，是加深理解和发现新知识的最好方式。

1.2.5 "五不"原则

学龄前的孩子是感性的，家长要学会换位思考，不以大人的标准去评判和干涉孩子。

"五不"原则指的是：

● **不焦虑**

孩子年龄虽小，但对家长的情绪敏感程度却很高。家长如果带着焦虑情绪，孩子很容易感受到，并且这样的情绪有传染性，对孩子的身心健康都有损害。所以，我们应该对孩子充满信心，相信孩子的潜能。

● **不比较**

在比较中长大的孩童容易失去自信，因此，家长要尊重和把握每个孩子的成长节奏，鼓励孩子进行独立思考，摒弃功利心。孩子的进步早一点或迟一点都属于正常现象，与人比较是毫无意义的事情。

● **不催促**

催促通常会使孩子形成一种外在的压力，起不到任何积极作用。孩子认知事物遵循螺旋式上升的规律，它需要一个过程，需要时间去消化和沉淀。家长要有耐心，把时间线拉长，给足孩子咀嚼消化和独立思考的时间。

● **不提醒**

提醒孩子其实是一种不信任的表现，容易给孩子造成心理负担。要知道提醒孩子很多时候只是家长理解了，并不是孩子理解了。孩子能自己得出答案和结论，即使错了，也有错的价值，比由他人帮助完成更值得推崇。所以，家长要学着放手和忍耐，让孩子自己来。

● **不奖罚**

奖罚制度在短时间内对孩子起到一定的外部刺激效果，但不利于长期激发孩子的内在动力。孩子对数学自发的内在兴趣才能驱使他们走得更远。当孩子做错了，家长要相信孩子的感知能力，维护孩子的尊严，不批评，不惩罚；当孩子做对了，家长也不奖赏，让孩子排除外界的影响和干扰，找到内心的秩序，回归平和。

有了上面大方向的教育原则作指导，下面再谈谈具体的运用方法。

1.3　哪些方法适合学龄前儿童？

1.3.1　由家长示范，孩子独立操作

数学启蒙教育很重要的方法之一就是先由家长示范教具，也就是做给孩子看，一般是一对一示范，然后由孩子自己独立操作。整个过程中，家长只做简单的介绍，无须过多的话语，也基本不靠语言教授知识，只是把具体的教具展示给孩子看，告诉孩子如何使用，再给孩子示范操作步骤，继而让孩子模仿。

至于每个教具背后的意义，要靠孩子自己去理解和感悟。一般而言，如果教具操作不当，教具本身的纠错功能就会提示孩子，无须大人的帮助。如果孩子还无法独立操作教具，或者无法理解到教具的全部精髓，就需要大人再次示范，孩子再次观摩来学习。

每次示范的开始和结尾，都有拿取和收回教具的程序，这主要也是为了培养孩子的良好习惯。家长示范时也应做到语速和动作慢一点，以适应孩子的节奏，让其充分观察。

孩子通过对教具的探究，可以提升观察力和思考力，获得感官经验，建构自己的知识体系以及培养独立发现问题和解决问题的能力。这也是"不教的教育"主要的方法。

1.3.2　三段式语言教学法

三段式语言教学法广泛应用在启蒙教育里。三段指的是：命名、辨认和确认。

一般按照这三个阶段的先后顺序来介绍新的教具。

第一阶段：命名

在命名这个阶段，要指着教具告诉孩子这是什么。目的是建立具体实物和名称的联系，让孩子知道感官物体和语言命名的名称指的是同一事物。例如："这是彩色串珠六。"孩子首先会看到彩色串珠六是紫色的，一串有6颗圆珠子，再听到它的名称，这样看到的教具和听到的名称就建立了联系。

第二阶段：辨认

辨认是指孩子在众多类似的教具中，能够清晰地辨认出刚才命名的教具是哪一个，可以指认并挑选出来。这个阶段是由语言名称回到实物上来，是和第一阶段反向的，目的是了解孩子在命名阶段掌握的熟练程度，帮助孩子加深实物和名称之间联系的印象。例如："这里有好几个彩色串珠，请你告诉我，哪一个是彩色串珠六？"孩子通过上一阶段的命名学习和记忆，就可以辨认出不是彩色串珠六的串珠并从中挑选出彩色串珠六。

第三阶段：确认

到了确认阶段，当家长指着某个教具，提问这是什么的时候，孩子可以清晰地说出在第一阶段被告知的名称来。例如，家长用手指着彩色串珠六，提问："这是什么？"孩子可以清晰地回答出这是彩色串珠六。

经过以上三个阶段，每个教具的感官特性和名称，以及两者之间的联系便会深深地根植于孩子的认知系统里了。这种循序渐进的科学方法很容易吸引孩子的注意力，孩子接受起来也比较快。它不仅适用于介绍数学教具，还可以运用到孩子学习语言、地理等其他学科的知识概念中。

1.3.3 寓教于乐游戏法

数学教育无处不在，学龄前儿童更需要在玩乐中学习。

除了书本上的练习题，平时要多在生活中渗透数学，可以设计一些数学小游戏，以做游戏的形式，让孩子逐渐明白其实数学就是对世间万物规律性的抽象总结。他们解决的数学问题越多，积累的经验越丰富，思维就得到了越多的锻炼，"数学脑"就越容易形成。

例如，认识数字1，2，3时，如果生硬地要求孩子背下来，就十分枯燥乏味。家长可以从数字符号1，2，3代表不同大小的量开始入手，再加入跳房子、掷骰子等游戏，孩子很快就能认识它们。

数学启蒙教育需要特别重视孩子的实物感官体验，数学教具是其中重要的一环，它能把抽象的概念具体化，复杂的概念简单化，旨在帮助孩子真正理解数学，非常符合学龄前孩子学习和认知事物的规律。

1.4　为什么启蒙的关键在于利用好教具？

瑞士儿童心理学家让·皮亚杰的认知发展理论告诉我们：2～6岁的孩子处在前运算阶段。学龄前儿童不具备抽象的运算思维能力。

基于这个普遍规律，我们提倡的数学启蒙方法是：更加注重孩子的感官体验和实物操作的过程体验，强调从实物中获取感官经验，再过渡到抽象概念的学习，自然而然地培养孩子的数学感知能力和独立思考的习惯等。

学数学，重在理解，理解了才是学好数学的关键，让学龄前儿童先把概念和符号背后深层的含义弄明白，再介绍概念和符号本身，对于学龄前儿童来说更科学。

如何弄明白这些抽象的数学概念和符号呢？这主要通过让孩子操作一系列数学教具来实现。这些丰富的数学教具是孩子学数学要用的辅助材料，是根据孩子的需要及发展特点设计的，并且都蕴含了数学上的原理。孩子通过反复操作教具，探索和理解事物，进而习得操作背后的意义，这是理解抽象的数学概念的基础。

操作数学启蒙教具的科学之处就在于重视过程的理解和思维的建立。家长先不着急去介绍概念本身，而是仅仅把概念的内核用实实在在的教具呈现出来，从简单到复杂，每一步的衔接和深入对孩子来说都是清晰而自然的，等他们理解和应用了之后再引入概念。

对于一些相对复杂的数学概念，在日常生活中要找到相应的具体呈现是很难的。而数学教具是专门为孩子的形象思维而设计的，用来解释对他们来说复杂的抽象概念。

1.5　教具操作的常见问题及说明

1.5.1　教具参考年龄问题

数学教具一般会给出适用年龄，主要是根据孩子普遍的敏感期给出的一个参考范围，并不是教具操作适用年龄的标准，家长无须严格按此年龄范围来进行实操。

例如，教具数棒的适用年龄是4岁。数棒是数字1～10的入门教具，需要孩子有一定的感官教具基础后再来操作。感官教具经验丰富的孩子可能在3.5～4岁就能操作这个教具；感官教具经验不足的孩子可能在4岁的时候还无法熟练操作这一教具；但对于5～6岁的孩子来说，操作数棒又会感觉比较简单。这些都是正常现象，要关注每一个孩子的实际情况，不必拘泥于年龄的限制。

1.5.2　教具操作顺序问题

学龄前阶段的数学教具按照从易到难、从具体到抽象的顺序来安排，层次分明，循序渐进，但像十进制和连续数数的某些教具操作也可以同时开展。

每个孩子的数学基础不一致。开始的时候，家长需要实际对照，观察孩子处在哪一阶段，更适合哪项学习，并记录下来，同时也鼓励孩子时常回顾和复习已有的知识，温故而知新。另外，夯实基础、查漏补缺也是很好的学习习惯。如果碰到难度超出现有能力的项，可以适当放一放，甚至可以灵活地跳过去，从另一项开始尝试，没有明确说一定要通过某项学习才可以做其他的工作，过后再回来操作复杂一些的教具也是可以的。另外，教具之间不是割裂的，操作不同的教具也能激发孩子的灵感，可以更好地领悟已学的知识点。

1.5.3 如何把握学习进度？

把握学习进度要因人而异。一般来说，当孩子可以独立完成教具的基本操作，熟练地运用教具解出同类型的题目，就可以开始下一阶段的学习了。若发现孩子没有完全掌握和理解，不必担心，给孩子留足时间去摸索和消化，观察每一次体验的情况并做记录，也可以再次示范操作或者复习上一阶段的知识点。

1.5.4 孩子操作错误怎么办？

孩子操作错误是非常正常的现象，"错误的操作"本身也是一次有益的探索，家长不要太心急，不要因为孩子没有按照规定来操作教具，就打击孩子的积极性和探索欲望。

另外，很多数学教具本身就具有纠错功能，孩子是可以感知到错误的存在的。孩子亲自去发现、矫正，并且自己总结出经验教训，比家长用语言强调一百遍更有效果。

数学是严谨的，一些明显的错误如果没被孩子发现，家长可以稍作提示和启发，不要直接说出答案和做法，而是让孩子自己多说多做。在反复操作中，孩子有能力在失败和错误中寻找到正确的方法，家长要对孩子的潜能有全然的信任。

1.5.5 孩子不愿意操作教具怎么办？

孩子不愿意操作教具有多种原因。家长尽量选择在孩子精神状态好的时段来示范和练习，这样会更加高效。如果孩子明确表示不想练习，家长不应勉强。要注意的是，如果孩子操作了超越他能力的教具，感觉很难，就会有抵触情绪。这就需要循序渐进，从简单的教具开始，跨度不能太大，并且讲究"难点独立"的原则，一次只做一个知识点的练习。这和大人的思维不同，有时候大人觉得习以为常的东西，对孩子来说都是一次不小的挑战。

学习不是一朝一夕的事情，家长要细心观察孩子的吸收程度，判断孩子是否已经做好了准备。如果孩子觉得家长的示范很简单，完全没难度，说明这种示范迟了点。合适的示范会给孩子似懂非懂的感觉，并且可以让孩子通过努力慢慢掌握。

此外，家长示范时首先要考虑孩子的实际接纳能力，其次需要兼备科学性和娱乐性。

1.6 如何制作和选择教具？从哪里取材？

教具可以购买，也可以自制。教具一般分为三类：国际版、专业版和家庭版。

国际版一般用于出口，规格和品质都数上乘，适合专业的早教机构使用。

专业版也叫标准版，尺寸都是按照数学教具的原始设计来制作的，完全可以满足一般机构和家庭使用。

家庭版也叫迷你版，主要是规格小了很多，有些教具过小会影响孩子感知真实的尺寸大小，其他功能相差无几，基本可以满足家庭数学启蒙需求。

进行家庭数学启蒙时，我鼓励家长和孩子一同制作教具。这样不仅更经济环保，还能增进亲子关系，锻炼孩子的动手能力，但这样比较耗时耗力，想节约时间、追求品质的家庭可以选择直接购买教具。

自制教具时，需要着重注意两点：

一是要先理解教具背后的含义，确保制作的正确性。

二是自制的尺寸最好按照教具的实际尺寸来制作，让孩子感知真实的尺寸大小意义重大。

图1.1 自制的纺锤棒箱

自制教具用到的原材料可以取材于一些生活废料，基本不产生费用，还能变废为宝。例如，纸盒和木棒可用来制作教具纺锤棒箱。如图1.1所示。

制作彩色串珠、黑白串珠的珠子、铜丝等原材料也可以买到，注意这里的串珠颜色需要按照图上的颜色来制作；数字1是红色，2是绿色，3是粉色，4是黄色，5是浅蓝色，6是紫色，7是白色，8是棕色，9是深蓝色，10是金色。这里的颜色和后面的串珠棚以及五倍串珠教具有很强的关联性，所以要统一每个数字的颜色。如图1.2所示。

图1.2 自制的彩色串珠和黑白串珠

制作串珠棚的珠子、铜丝等原材料也可以买到。要注意串珠的颜色应与前面的彩色串珠一致。如图1.3所示。

图1.3 自制的教具串珠棚

第2章
生活中的数学启蒙

数学在生活中无处不在，却又不易被察觉，它在无形之中影响着我们。比如，爸爸妈妈根据气温为孩子增衣减衣，测量身高、体重、体温，冲奶粉时把握水与奶粉的搭配比例。

孩子大一点会知道：早上起床之后要先刷牙再吃早餐——顺序，爸爸的衣服比孩子的总是大很多——对比，商场里每件商品的价格不同——对应，衣服收入衣柜、鞋子收入鞋柜——分类，书是方形的、球是圆形的——图形。孩子还会发现有白天和黑夜的更替，一周有两天休息日这样的规律等，这些全是生活中的数学启蒙。

神奇的是，孩子好像天生就会数学！的确，这些能力似乎不用刻意去教给孩子，他们平时接触多了，自然就懂了。家长只需要在孩子旁边进行细致的观察，在他们需要的时候，辅助他们即可。

有一次，4岁多的女儿早上起来，见我们忙碌地做早餐、整理书包，赶紧跑来问我："妈妈，今天是星期几啊？"

我答：“是星期一。”

她又急着问：“那我要去幼儿园吗？”

我答：“要。”

她有点不想去幼儿园，问我：“那我什么时候可以不上幼儿园呢？”

我答：“刚过完周末呀，等下一个周末，也就是星期六和星期日，你就不用上幼儿园。”

她又问：“明天是星期几？”

我答：“星期二。”

她问：“那后天呢？”

我说：“星期三。”

她着急了：“那什么时候才到星期六、星期日啊？”

我说：“过完星期三、星期四、星期五，就到星期六和星期日了！”

女儿大叫一声：“太好了，过完星期五就放假了，那过完星期日后面呢？是星期几啊？”

我说：“过完星期日，就又到星期一了，又得上幼儿园了。”

女儿一脸疑惑：“可是，过完星期日，为什么不是星期八呢？”

我心想这个问题确实容易让人产生疑问，得跟她好好解释：“因为我们规定一个星期只有七天，过完星期日，就又重新回到星期一了。”

她想了想，问：“那后面又是星期二、星期三、星期四、星期五，过完星期五就到星期六、星期日，就又放假了，是这样吗？”

我回答：“是的。”

　　她瞬间极其开心，蹦蹦跳跳地跑开了，不停地喊："过完星期五就放假喽！"再后来，她每天虽然还是会问我"今天是星期几？"这样的问题，但过完星期五就休息两天，过完星期日就是星期一，到了星期一就必须上幼儿园，她已经非常清楚了。

　　我想，那一次她那么开心地欢呼，不仅是因为星期五之后就会放假，毕竟当天才星期一，更是因为她弄明白了一周七天的规律。

　　家长最好是在轻松的环境下以平等的姿态用简单的语言和孩子交流，用提问和回答的形式比较好，可以知道孩子的兴趣点和困惑的地方在哪里，以便根据孩子的内心需求来调整学习节奏和进度。家长切记不要以说教的形式，否则，容易使孩子形成被动接收而不去主动思考的习惯，要鼓励孩子提出为什么，并且说出自己的想法。

2.1 生活中的数学启蒙的七大基本能力

　　数学启蒙的方法很重要，尤其对年龄小的孩子来说，如果直接把一些数学概念、公式和一连串的数字符号摆到他们面前，就过于空洞和抽象，孩子肯定难以理解。如果能从孩子的实际情况出发，使用孩子可以理解的事物和语言，就会变得轻松多了。

　　在数学启蒙阶段的学习，最重要的就是从身边的生活出发，从具体的实物出发，帮助孩子在亲身实践中不断地发现新事物和新问题。孩子产生疑问后，鼓励他们自发地去探寻答案，通过在环境中看到、听到和触摸到的东西，去感知、观察和分析，获取充分的感官经验，从而建立并升级认知。另外，家长不应该把学习仅仅看成知识灌输，循序渐进地培养孩子解决问题的能力和独立思考的能力也很重要。

　　孩子喜欢游戏和玩耍，如果把数学融入游戏之中，那效果是最好的。大一些的孩子，可以接触到许多好玩的工具，例如积木、磁力片、纸牌、骰子、尺子，还有跳棋、围棋这类益智型桌面游戏等，它们都是有助于孩子各项能力开发的好工具，都可以加入很多的数学元素去锻炼思维，切莫以为只有通过做练习题才可以提高数学能力。

　　数学源于生活，如果家长想尽早培养孩子对数学的敏感性，那就需要尽早让孩子在生活中学数学，鼓励他们多积累一些感官经验，多带着问题进行思考和探索，把握住孩子在小时候的各种敏感期，让学习变得高效而轻松。学龄前孩子的理解力有时候超乎我们的想象。如果对孩子充分信任，运用适合他们的方式方法，我们会发现孩子天生就会数学。

生活中的数学内涵很丰富，不要狭隘地认为数学只有数数和加减。这一节要讲的七大基本能力既符合学龄前儿童的成长发展规律，也能为后续数学的学习打下基础。这些能力的培养离不开眼睛的敏锐观察和双手的实际操作。

2.1.1 比较

比较在生活中十分常见，例如比较高矮、长短、轻重等，它是一项孩子需要具备的基本能力。

有太多的生活场景和材料可以用来做比较了，例如比身高。

首先可以两个人站在一起对比，看看谁高一些，谁矮一些；然后可以三个人对比，看看谁最高，谁最矮，谁是中等身高。这样不仅学会了比较，还可以学会关于比较的词汇，有比较级——更高一些或更矮一些，还有最高级——谁最高、谁最矮等。

有些家长爱给孩子出题，就是比数字大小。但需要注意的是，在接触数字符号之前，一定要先有量的感官经验，不然数字就是一堆空洞的符号，令孩子难以理解。例如，还是两个人比身高。让他们分别站到身高测量仪器上，测出两个人精确的身高，并且记录下来，对比高度的数字大小。这种类型的数字大小其实是比较抽象的，不适合年龄小的孩子。我们出题时掌握的原则是围绕生活中看得见、摸得着的实物来举例，不能过于抽象。

2.1.2　对应

对应的能力也完全是在生活中积累经验而获得的。

当孩子有物权意识后，他们就已经有分辨"哪些东西是我的"这种能力了，他们会知道"这些东西对应的是我，那些东西对应的是其他人"。例如，在学校里可以准确地找到自己的水壶和书包；在家知道哪个碗、哪个房间是他的专属，也知道吃饭时拿了碗，还得拿筷子，而不是拿一支笔，因为筷子才是和碗对应的、用来吃饭的工具，笔和纸对应，是看书学习的时候才会用到的。

这些对应的能力仿佛孩子天生就有，但是我们仍然可以把更多的新鲜事物带到孩子的身边，尤其是通过走出家门和学校，在外面更广阔的环境里，发现更多事物的对应关系。

还有一种积累的方式就是阅读。女儿小时候对恐龙感兴趣，在读了很多关于恐龙的书籍之后，某天我发现她竟然可以通过恐龙的影子说出相对应的恐龙的名字。她告诉我，像巨盗龙、阿根廷龙、三角龙、特暴龙、剑龙和副栉龙等，它们的身体特征是不一样的，可以通过影子来判断。所以，多阅读对于增长孩子的见闻也很有好处，他们辨别事物的能力也会随之提升很多。

2.1.3　分类

分类和对应略有不同，平时可以做的练习非常多，如颜色、形状、物品的分类等。

最常见的分类就是整理东西。例如，从超市买了一些洗漱用品、水果、蔬菜和衣物，到家里整理的时候，可以邀请孩子过来看看：哪些是洗漱用品，应该放到哪里；水果和蔬菜有哪些，应该放在哪里；新衣服是给谁买的，应该收在哪里。

还可以让孩子将自己的物品进行分类整理：水彩笔和纸收在书桌的抽屉里；书本收在书柜里；小汽车收在装小汽车的收纳盒里等。收晾干的衣服时，邀请孩子帮我们分类整理：哪些是上衣，哪些是裤子；哪些是爸爸的，哪些是妈妈的；哪些袜子是爸爸的，哪些袜子是宝宝的。

2.1.4 排序

排序也是数学启蒙相当重要的能力之一。秩序感会随着年龄的增长而逐步建立和发展，但如果多加培养，在这方面具备很强的敏感性，对开发大脑的逻辑思维能力非常有帮助。

例如，在户外捡5片大小有差别的树叶，让孩子按照由小到大的规律进行排序。这时孩子一般会先找出最大的和最小的两片树叶，然后经过对比中间的3片树叶的大小来排序，这不仅要通过观察，还需要用大脑进行分析和判断，多做这类练习十分有益。

但需要注意的是，如果是给数字排序，孩子要先有"数字表示的是对应的量"这个基础再进行。

2.1.5 数与量

掌握数与量的一一对应关系是学算术的核心能力之一。无论是数数还是加减法，最基本的就是学会数与量的对应，简单地说就是会数数。

经常有家长抱怨，问孩子5和6两个数哪个大哪个小，孩子居然不知道。其实，不是孩子不懂比较，而是他没有理解5和6这两个数对应的量的大小。

这个时候，就需要我们拿出5和6对应的量的实物来，例如先拿来5本书，再拿来6本书，放在两边，挨个数一遍，孩子立马就能理解是5大还是6大了。

有人觉得数学启蒙就是数数和做加减法，其实数与量的对应才是最基本的。只有先弄清楚了数字代表的是多少，把看到的量数得清清楚楚了，才有可能真正理解数的本质是什么，而不只是记住数字的名称而已。

2.1.6　图形

生活里的图形千变万化，能掌握一些常见的基本形状就可以了。例如，电视机、书本、门、桌子基本上是长方形；轮胎、比萨饼、硬币、盘子、太阳都是圆形；三明治、三角尺、衣架是三角形等。

家长还可以准备一些形状不同的玩具，让孩子去触摸和拼搭。比如搭建积木就是培养立体感很好的方式，可以为将来几何图形的学习做准备。

但需要提醒的是，尽量让孩子自由发挥，去体验玩的乐趣，而不是要求他们拼出某一个形状或者照着模型、图纸去模仿。只有在自我摸索的过程中，才能调动起孩子的感官和思想，让他们全情地投入在玩里面。只有投入进去，才会迸发出灵感和创造力。

2.1.7 空间方位

空间方位感也是一项生活技能，有了空间方位感，就可以辨别出方向和位置。一般而言，孩子先学会上和下，再学会前和后，最后学会左和右。这是根据这些方位的难易程度来排序的，孩子需要循序渐进地掌握。

上下方位最容易理解，家长可以找到一个参照物，多在语言中重复几次上面和下面，孩子就比较容易掌握；辨别前后方位有个小技巧，就是人或物体面朝哪边，哪边就是前面，背对的那边就是后面；理解左右方位就需要孩子先分清自己的左手和右手，然后通过左手和右手来判断左边和右边。

大一点的孩子还需要掌握东西南北的方位，一般是先找到北面，再依据上北、下南、左西、右东，找到另外三个方位。

2.2 生活中的数学启蒙的预备

生活中数学启蒙的预备活动内容十分丰富，家长主要让孩子操作生活方面的教具，获得生活中的实际经验和技能，培养出较强的动手能力、自理能力和照顾周围环境的能力，以及专注力、独立性和自信心。

这里的示范非常重要，能做出来的，尽量不用语言解释。虽然这在家长看来特别简单，但家长仍然要以孩子的节奏来示范，操作时可以稍微慢一点，主要是把每个步骤清楚地演示给孩子看，让孩子先观摩一次，再自己亲手做一次，这样就能更好地发现问题和掌握技能。

2.2.1 　擦桌子

教具构成

一条干抹布、一个盛着干净水的盆子。

教具目的

1 学会如何擦桌子。

2 掌握擦桌子的步骤和连贯动作。

3 锻炼手部肌肉力量。

4 培养爱护环境和讲卫生的意识。

示范操作

1 取来抹布和盛着水的盆子，放在桌子旁边的地上，准备擦桌子。

2 先将干抹布在水盆中打湿，再用双手拧干，注意抹布不能过湿或者滴水。

3 擦桌子时，把抹布摊开，不要揉成一团，右手拿住摊开的抹布，从桌子左上角开始擦。

4 从左上角擦拭至右上角，然后往下移，擦中间和下面的位置，擦的时候从上往下擦，若桌子上有脏东西，要把脏东西顺着擦下来。

5 擦完一遍后，将抹布放到水盆中清洗、拧干，进行第二遍的擦拭。

6 第二遍仍然是按从上往下和从左至右的顺序来进行，注意检查桌子上是否还有灰尘或脏物，以保证桌子擦拭干净。

⑦ 把水盆和抹布端到水池里，打开水龙头，冲洗抹布，将盆子里的脏水倒掉，直到抹布和盆子都干净后，将抹布挂回原来的位置晾干。

⑧ 完成后，清洗双手。

练习和拓展

① 根据示范，邀请孩子尝试独立操作。

② 练习同类型的工作，例如扫地。了解扫地并不是随便扫，而是有一定的次序。

参考年龄

2～3岁。

特别说明

① 擦桌子之前，要先有洗抹布的经验。

② 很多家务活可以尝试让孩子来做，例如拖地、洗碗等，做的时候都要遵循一定的顺序，也就是先干什么后干什么，这是建立秩序感的早期启蒙。

2.2.2 分类

教具构成

一个小碗（装四种颜色不同的彩球各四个）、四个一样大小的小碟子。如图2.1所示。

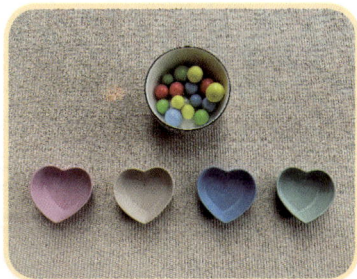

图2.1 装着四种颜色彩球的小碗和四个空碟子

教具目的

①学习如何进行分类。

②培养观察力、对颜色的辨别力，以及对事物分类的能力。

③培养手部肌肉控制和精细动作的能力。

示范操作

①取来装着彩球的小碗和空碟子，摆放在桌面上，介绍教具名称，空碟子水平排列摆好。

②先确认小碗中有哪些颜色的彩球，例如有红色、黄色、蓝色和绿色的彩球。

③告诉孩子要把小碗中的彩球按颜色分类，然后放到四个不同的碟子中。

④用右手取出其中一个红色的彩球，放入第一个碟子中，再任意取出第二个彩球，如果是红色，就放入第一个碟子，如果是其他颜色就选择另外一个空碟子放入。

⑤直到把小碗中的彩球全部按颜色分到四个碟子中。如图2.2所示。

6 确认无误后收回教具。

练习和拓展

1 根据示范，邀请孩子尝试独立操作。

2 练习不同类型物品的分类。例如，将瓜子和豆子混合，再进行分类。

图2.2 将彩球分类到不同的碟子中

参考年龄

2～3岁。

特别说明

1 做这项练习，需要孩子对所分类的东西有一定程度的了解才能进行。

2 它的错误控制就是物品本身的特征区别。

3 操作过程中，尽量让孩子独立完成，不打断、不提醒，同时注意培养孩子的专注力。

2.2.3 配对

教具构成

一个水果篮（装三种不同的水果各两个）、三个一样大小的碟子、一个托盘。

教具目的

① 学习如何进行配对。

② 培养视觉辨别力、观察力和配对能力。

示范操作

① 取来水果篮、托盘和碟子，摆放在桌面上，介绍教具名称。

② 先确认水果篮中有哪些水果种类。例如，有苹果两个、桃子两个、梨子两个。

③ 告诉孩子要把水果篮中的水果按种类分别配对，然后放到三个不同的小碟子中。

④ 用右手取出其中一个苹果，放入第一个小碟子中，再在水果篮中找到第二个苹果，也放入第一个小碟子中；取第二种水果桃子，放入第二个小碟子中，再从水果篮中找出第二个桃子也放入第二个碟子中；取出水果篮中剩下的两个梨子，放入第三个小碟子中。如图2.3所示。

图2.3 苹果、桃子和梨子两两配对

⑤ 直到把水果篮中的水果配对完成，确认无误后收回教具。

练习和拓展

① 根据示范，邀请孩子尝试独立操作。

② 练习不同类型物品的分类。

③ 增加物品的种类到四种或五种，引导孩子对更多的物品进行配对。

参考年龄

2～3岁。

特别说明

① 它的错误控制就是物品之间的特征区别。

② 做这项练习的前提是孩子对所配对的东西有一定程度的了解，所以平时多接触和认识些新事物对孩子十分有益。

2.2.4 倒水

教具构成

一个水壶、三个一样大小的水杯、一个托盘、一条干毛巾。

教具目的

① 培养手部肌肉控制和精细动作的能力。

② 初步理解均分、测量、体积、除法等数学概念的含义。

③ 感官体验整体与部分的关系。

示范操作

① 取来水壶、水杯和托盘，摆放在桌面上，介绍教具名称。

② 先告知孩子，练习的任务是把水壶里的水平均倒入三个水杯里。

③ 右手握住水壶把手，平稳地将水壶端起，并倾斜到合适的位置，将水倒入第一个水杯中，直到刚好盛满。

④ 尽量控制手部肌肉，不让水洒到水杯的外部，如果洒出来，可以拿干毛巾擦拭干净。

⑤ 倒完第一杯后，右手再次握住水壶，将水壶端起，并倾斜到合适的位置，将水倒入第二个水杯中，直到刚好

图2.4 水壶中的水刚好平分到三个水杯中

盛满；再倒满第三个水杯，水壶中的水刚好全部倒完。

⑥ 这时三个水杯中的水是一样多的，而水壶中的水没了。如图2.4所示。

⑦ 把第一个水杯小心翼翼地端起来，不要把水洒到外面，将水杯中的水全部倒回水壶中。

⑧ 再把第二个和第三个水杯中的水全部倒回水壶中。

⑨ 观察水壶中的水又回到原始的位置。

⑩ 完成后，将水壶中的水倒掉，收回教具。

练习和拓展

① 根据示范，邀请孩子尝试独立操作。

② 练习不同类型物品的均分。例如，把一大碗米平分到两只小碗中。

③ 增加水杯数量至四个，进行更多均分的练习。

参考年龄

2～3岁。

特别说明

① 注意水壶刚好装上三个水杯的水量，需提前测量并准备好。

② 倒水需要手部肌肉有很好的控制能力，年龄较小的孩子练习时容易遇到洒出水或者分配不均匀等问题，尽量鼓励他们反复操作，不要怕麻烦。

③ 与倒水工作类似的还有切水果的工作，同样隐含了分数、均分、加法、减法等数学概念，但都无须过多的语言解释，孩子操作过，身体记忆会更加深刻。

第3章
感官数学启蒙

　　数学启蒙教育的精髓就在于发展感官。感官指的是人类身体的五大感知觉系统：听觉、味觉、嗅觉、触觉和视觉。

　　意大利著名教育家蒙台梭利曾说："感觉是精神的入口，一切的认识先由感觉获得。"

　　可是，感官需要训练吗？感官练习常常被我们忽略，我们认为它是天生的、自然的，不需要刻意练习，其实不然。古往今来，很多在感官上有特殊才能的人，都是在小时候，感官刚刚发展之时，就有了大量无意识或有意识的感官刺激和练习。所以，我们常听说音乐家的孩子乐感好、数学老师家的孩子数感好是不无道理的。

　　人类在幼儿时期，各种器官结构和机能就已经发育完成，但是其发达程度却因人而异。通过有意识的多重感官刺激，可以促进孩子的各项感知觉的快速发展和不断完善，感官敏感度也会随之上升。

感官训练是发展感知觉和思维的基础，是更加深入和抽象学习的前置预备，是智慧的根源。培养感官发展，是为孩子发展观察力、记忆力、语言能力、逻辑思维能力和判断能力做准备，而这些能力的高低很大程度上决定了孩子学习能力的高低。

感官教育在数学启蒙教育中有突出地位，有很多针对性的教具，对应不同的感官发展。

同样一个新事物，如果孩子仅仅是听到一个名词，而头脑里没有感官印象，对他们来说就只是空洞的、毫无意义的名词，并不会产生更多的认知。如果有实际的感官体验，孩子在头脑中就会将名词和具体形象结合起来。

举两个通过感官来发展语言和思维的例子。

有段时间，女儿幼儿园的老师组织孩子们学习认识水果，对于有些不常见的水果，如阳桃，有些孩子一看图片就能说出水果的名字来，而我女儿对它比较生疏，老师教过好几次，她还是不能说出水果的名字。原因就在于别的孩子在家里吃过这种水果，无论是水果的样子还是名字都很熟悉，而我女儿没吃过，没接触过，也没听到过它的名字，第一次接触学习是通过图片和名称，反应自然就会慢一些。

我们讲故事时，里面有小树、蝴蝶、花草等，孩子会自动对应头脑中关于小树、蝴蝶和花草的形象来理解故事，头脑中这些形象的来源就是他们平时感官接收到的信息。他们看到过地面上的小树、飞着的蝴蝶和地上的花草，于是他们就可以理解"蝴蝶围绕着小树和花草飞"这句话的含义。

所以，对于一个新事物，光听别人介绍，没有经过自己感官上的刺激，孩子的印象肯定不会太深，甚至是很模糊的。如果可以，最好让孩子既听又看，还能用手触摸、掂量、把玩一番，这样记忆才会变得比较全面而且牢固。这就是通过对孩子全方位的感官刺激而实现的记忆，它是身体和灵魂的双重记忆。

感官教育和现在流行的感觉统合训练有相似之处，都是通过专业的器材，让孩子在玩乐的同时刺激其大脑功能，锻炼孩子的前庭觉和触觉等，从而提高孩子的感官敏感性。

在感官训练方面，数学启蒙教育有着丰富的教具。

听力方面，有音筒和音感钟。训练孩子听不同音量的音，辨别声音的强弱，识别音感的差异，感知每种声音的不同，从而形成判断力。

味觉和嗅觉方面，有专门的味觉瓶和嗅觉瓶。倒入不同味道和气味的材料，让孩子对不同的味道和气味加以辨别和记忆，以了解味觉和嗅觉的关系。

触觉方面，有触觉板、粗糙光滑板、温觉板、重量板、布盒和神秘袋等。通过用手去感觉（有些教具操作甚至要蒙上双眼）它们对皮肤的刺激，孩子可以准确地感知粗糙和光滑程度的变化，感知不同质地的物品的冷热、轻重、软硬、形状等特点，并且顺带把相关的形容词和名词也学习了。

一般在做触觉感官训练之前，有个指尖敏感化的操作过程。用中指和食指蘸水，让指尖湿润，然后在粗糙的毛巾上用手指刮擦几次，让孩子的手指触感更加灵敏。

视觉方面，有许多与秩序相关的教具，而建立精确的秩序感正是数学算术启蒙的前提。本章将重点讲解下列感官数学教具的操作：带插座的圆柱体、红棒、棕色梯、粉红塔、彩色无握钮圆柱体、色板、几何图形橱柜、长方形盒、三角形盒、渐层几何形状、几何立体组、二项式盒、三项式盒和十项式盒等。

感官数学启蒙实际上也是如上所述，配合感官刺激，让孩子认识和理解数学上的基本概念。通过观察示范和独立摸索教具，调动孩子的感官系统（其中主要是听觉、视觉和触觉）积极参与，这样孩子就能获得丰富的知识基础，不再需要家长用语言解释，教具对数学概念已做了最佳的诠释。所以，从感官和理解起步学习数学，无疑是很科学的数学启蒙方式。

3.1 感官秩序

数学心智的萌芽可以说是从精确的秩序感开始的。那么，该如何进行数学心智的启蒙呢？核心是要通过具体的、形象的实物帮助孩子建立数学的感官印象，积累足够的数学感官经验，而第一个要建立的就是秩序感。

对于孩子来说，感官数学教具和一般的玩具相比，目的性更加明确，设计得更加巧妙，既有趣又益智，综合来说它们有以下好处：

1. 锻炼手臂肌肉力量和控制力，以及手部动作的协调性。

2. 训练视觉、触觉和肌肉对物体秩序的辨别力。

3. 发展敏锐的秩序感、观察力、专注力、协调性和独立性。

4. 培养独立思考、动手操作和解决问题的能力。

感官体验数字1～10以及对长短、大小、厚薄、宽窄、高低、粗细、对比、形状、顺序、序列等数学思维的耳濡目染是孩子对数学顺序、次序的最初体验。

孩子调动其五官去感知，反复动手进行排序和搭建，进而打开其数学心智。长大以后，孩子或许不记得这些教具，但秩序感、序列的印象已经形成了肌肉记忆，内化到了孩子的身体里，他们对于规律性总结的理解就会表现得很轻松。

这些都不是靠家长教孩子能做到的，这一切都是孩子自己通过对感官教具的反复操作、探索发现、总结出来的，是自然发生的。

所以，大人不用把对感官教具的示范强加给孩子，有什么规律也不用急于去告诉孩子，而且感官教育是开放式的，孩子可以自由搭建，以自己的方式和行动去实践。它也不是一次性可以完全掌握的，只有反复操作和练习，才能让孩子对教具背后的含义和目的有更深刻的理解。一蹴而就不是常态，螺旋式上升才是，因此要尽量给足时间和空间让孩子自己探索总结规律。激发生命的自由发展和探索欲望应该成为儿童教育的第一目标。

孩子天生会模仿家长的行为和语言，家长在教具示范时要注意，尽量要用精辟的语言，让孩子专注到示范动作上面，因为每一个示范的动作和步骤都有其含义和目的。

教具示范一般有以下六个步骤：拿取教具和工作毯、观察教具、摆放教具、错误控制、欣赏教具、收回教具和工作毯。

3.1.1 带插座的圆柱体

教具介绍

带插座的圆柱体由四组木制带握纽的圆柱体和插槽组成，每一组有十个大小不同的圆柱体，且都有变化规则。每个圆柱体上有一个握纽，可放入相对应的圆槽里。

它们的变化规则是：

第一组，高度保持不变，直径逐渐变小。

第二组，直径保持不变，高度逐渐变小。

第三组，直径逐渐变大，高度逐渐变小。

第四组，高度和直径都逐渐变小。如图3.1所示。

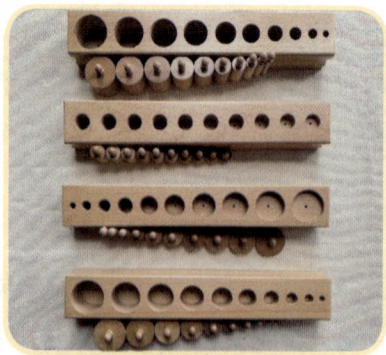

图3.1 带插座的圆柱体

教具目的

①通过抓握圆柱体的握纽来增强手部肌肉控制力。

②辨别物体的高低、大小、粗细，刺激感官发展。

③了解教具是一一对应和按一定的次序逐渐变化的。

示范操作

①拿出任意一组圆柱体和工作毯，介绍教具的名称，再取出圆柱体摆在工作毯上。

②要在打乱的摆放顺序中，挑选出圆柱体，进行正确的归位。

③首先需要的就是孩子的仔细观察，通过对比、估量等视觉敏感度来判断圆柱体逐渐变化的规律和正确摆放位置。

④通过不断试错的方式来调整修正，做好一一对应的配对。

⑤收回教具和工作毯。

注意

工作毯是数学启蒙必备的一种帆布地垫，用来垫在每一次工作所取教具的下面。按当次工作取物大小、多少决定该工作毯的大小。工作毯一般分为小地毯、中地毯、大地毯和超大地毯。工作毯最主要的作用是告诉孩子把自己的工作划定在一个固定的范围，界限清晰，不受干扰。

练习和拓展

先从任意一组开始操作，一组一组地分开练习。熟练了之后可以一次做两组，接着做三组，再做四组，遵循从简单到复杂的原则。

参考年龄

2～4岁。

特别说明

1 经过实践发现，2岁左右的小朋友都可以尝试做这项练习，一直到4岁都会很感兴趣。

2 孩子在操作这个教具的时候，不需要我们在旁边指手画脚，也不用介绍数学概念，像直径和高度都不需要。启蒙阶段，孩子眼睛看到过，手触摸过、感受过，有感官体验即可。即使出错了，教具本身的纠错功能也会提示孩子，让孩子可以感知到。这才是符合孩子年龄阶段的事情，并且能调动孩子的主观能动性。

3 当孩子有了足够多的数学感官经验之后，再接触概念性的或者抽象性总结的知识就会容易很多，相当于储存了本质在先，接触符号和概念在后，这个先后顺序厘清之后再学数学就不难了。

3.1.2 红棒

教具介绍

由十根长短不一的红色长棒构成。最长的一根是1米，然后依次是9分米、8分米，以此类推，最短的一根是1分米。如图3.2所示。

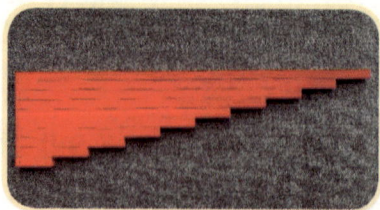

图3.2 红棒

教具目的

1 感知长度的有序变化。

2 形成1米到1分米长度以及等差数列的感官和肌肉记忆。

示范操作

1 取出教具和工作毯，介绍教具名称后，把教具平放至工作毯上，因为教具较重，一个一个拿取即可。

2 第一次从最长的拿起，双手握住两端，右手从左端滑至右端，感知长度1米，然后轻放至工作毯的左上方。

3 用同样的方法拿取稍短一点的9分米红棒，摆在上一根的下面，也是左对齐，再拿8分米的，依次到2分米红棒，最后摆最短的一根1分米红棒。

4 观察红棒呈现的形状，是倒阶梯形。

5 拿取最短的一根，依次往上拼接在上一根的右侧，每相邻两根红棒之间的差就是最短的那根红棒的长度。

6 收回教具和工作毯。

练习和拓展

红棒中最长的一根是1米，可以拿着它去测量生活中或教室里的物品，还可以跟小朋友的身高比一比，增加对1米长度的生活体验。

参考年龄

3～4岁。

特别说明

1 红棒只有一个维度的变化，就是长度。虽然没有刻度符号标记，但教具本身很直观，按长短顺序，孩子容易通过其视觉敏感性来感知。如果摆放时没按顺序，孩子一眼就可以辨别出来，这也叫教具的"纠错功能"，所以在孩子操作教具时也不再需要做过多的解释，什么是长度1米，什么是1分米，孩子所见即所得，大人只需要做好观察和记录即可。

2 一般，新教具先由家长示范一次，再交给孩子自己操作，若孩子看到教具有自由探索的欲望，可以先让孩子自行探索并主导节奏。

3 这里尤其要注意最长的这根木棒，2～4岁的孩子拿起来很沉。但真实的1米长，对我们日常生活来说很重要也很常见，需要孩子看见并感受这个长度，培养对1米这个长度的敏感性。拿取时，需要一根一根地拿取。

注意

> 感官教育讲究真实，例如真实的长度或者真实的重量等。很多感官教具比较沉，拿放时需要孩子小心谨慎，避免误伤。孩子能成功拿取，有利于其增加自信。

3.1.3 棕色梯

教具介绍

由10个棕色长方体组成，长度为2分米，最大的一个宽和高都是1分米，依次递减至1厘米，且等差为1厘米。如图3.3所示。此外，还有配套的投影卡。

图3.3 棕色梯

教具目的

1 发展对轻重、大小、厚薄等概念的感知力。

2 在长度不变的情况下，感受宽度和高度两个维度的有序变化。

3 培养等差序列的肌肉记忆，进一步建立秩序的心智。

示范操作

1 取来棕色梯和工作毯，介绍教具名称，再把教具一一摆在工作毯上。

2 双手托举起最厚的一块，上下左右前后分别用手触摸一遍，感知长宽高，再竖着摆放在工作毯的左侧。

3 拿取剩余的棕色长方体里面最大的一块，触摸感知，继而放在上一块的右侧。

4 依次把所有的棕色长方体按水平排序好直至完成。

5 完成后可以用一只手的食指和中指从最高的一块往最低的一块像下楼梯一样感受一番。

6 近距离观察，从顶部垂直往下看和四周环绕看，能够清晰地看到宽和高的渐变形态。

7 收回教具和工作毯。

练习和拓展

让孩子从最细的一块拿起，每次拿取稍微粗些的一块，感受从细到粗的过程。完成后用一只手的食指和中指从最低的一块往最高的一块像上楼梯一样感受一番。

参考年龄

3～4岁。

特别说明

① 这些长方体没有精确的刻度符号，它们是长度固定不变、宽和高的二维等差变化的序列。

② 最大的那个棕色长方体很有分量，孩子拿起来相当不容易，需要双手托举。孩子玩时，家长无须言说，让其感知轻重、厚薄、大小、排序和等差数列等数学含义。

3.1.4 粉红塔

教具介绍

由十块呈等差数列渐变且等差为1厘米的粉红色正方体构成。最大的一块正方体边长是1分米，然后是9厘米、8厘米……依次到2厘米，最小的一块边长是1厘米。如图3.4所示。还有配套的投影卡。

图3.4 粉红塔

教具目的

1 体验长宽高三维的递减变化，让视觉辨别敏感化。

2 对尺寸大小不同的正方体形状形成肌肉记忆。

示范操作

1 取来所有的粉红塔教具和工作毯，介绍教具名称，再把教具一一摆在工作毯上。

2 把十块粉红色正方体打乱顺序，散置在工作毯上，通过观察和比较，找出最大的一块，双手托底拿起来，再摆放至工作毯中间，作为塔的底部。

3 依次找出剩余正方体中最大的，摆在上一块正方体上方的中心位置，以此类推，依据大小堆砌成下大上小的塔形状，直到最小的正方体搭建完成。

4 完成后近距离观察粉红塔，从顶部垂直往下看和从四周环绕看，能够清晰地看到长、宽和高的渐变形态及正方体大小的有序变化。

5 收回教具和工作毯。

练习和拓展

1 搭另一种不一样的塔。仍然是打乱顺序，通过观察和比较，选择最大的一块托在手中，再摆到工作毯中间位置。但进一步搭建时，与上一块正方体的两条边贴边摆放，而不摆在上一块上方的正中心。以此类推，确保所有的粉红塔都依次贴边摆放好后，拿顶部最小的正方体来测量两个相邻正方体的差距，发现这个差距正好就是最小正方体的边长1厘米。

2 与棕色梯混合搭建。把两种教具摆放至同一工作毯

上，让孩子分别挑选最大的一块，可以发现这两块的高度是一样的，都是1分米，接着找出剩下的教具里最大的两块，它们的高度也是一样的9厘米，直到高度是2厘米的，最后是1厘米的。

参考年龄

3～4岁。

特别说明

粉红塔是一款十分受孩子欢迎的教具，粉红色本身就很有吸引力。

❶ 3～4岁的孩子一次性搭建正确的情况并不多见，可以鼓励孩子反复搭建。

❷ 即便搭建顺序不正确，也不要马上提醒，留给孩子足够的思考时间，让教具本身的错误控制发挥作用。

❸ 每次搭建完成后让孩子从顶部和四周近距离观察粉红塔，获取长、宽、高的三维变化知觉，这也是孩子对立体几何里三视图直观的早期探索。

3.1.5 彩色无握纽圆柱体

教具构成

由四组彩色圆柱体构成。

第一组红色，高度保持不变，直径逐渐变小。

第二组蓝色，直径保持不变，高度逐渐变小。

第三组绿色，直径逐渐变大，高度逐渐变小。

第四组黄色，高度和直径都逐渐变小。

配套的彩色投影卡。如图3.5所示。

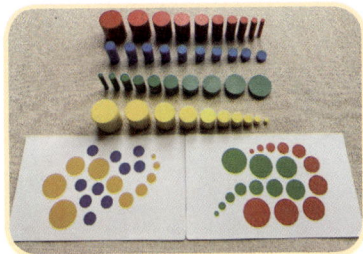

图3.5 彩色无握纽圆柱体

教具目的

1 辨别不同系列之间的颜色、高低、粗细等特征和相互关系。

2 形成对正比例、反比例、高度和直径等相关概念的最初印象。

示范操作

1 取来彩色无握纽圆柱体和工作毯，介绍教具名称，再把教具一一摆在工作毯上。

2 选择视觉对比最强烈的两组圆柱体，黄色和绿色。在打乱顺序的情况下，将两组分别按从大到小的顺序水平摆到工作毯上，并使两组上下对齐摆放，观察两组的对比关系。

3 然后把绿色的圆柱体按从大到小的顺序一一对应地叠在黄色圆柱体上面，可以发现叠完后高度是相同的。

4 按同样的方法，一次选两组来分开练习，熟练了之后可以一次做三组，再做四组，可以按照黄、绿、红、蓝的顺序，遵循从简单到复杂和自由探索的原则。

5 收回教具和工作毯。

练习和拓展

❶ 四组圆柱体分别按秩序堆成塔状，对顶部和侧面进行观察，感受精确的秩序感，从而引发孩子的思考。

❷ 使用投影卡，感受每组圆柱体横截面和直径的渐变。

❸ 与带插座的圆柱体结合，找出每一个与彩色无握纽圆柱体对应的那一个木色带握纽的圆柱体，还可以把所有彩色圆柱体对应地插入木色带握纽的圆柱体的插槽中。

参考年龄

3.5～4.5岁。

特别说明

❶ 教具本身具备视觉冲击力，如果摆放的顺序不对，很容易被识别。但是建议使用此教具之前，最好有带插座的圆柱体、红棒、棕色梯和粉红塔等的操作经验，因为搭建完成后，除了观察教具，还需要孩子能够用自己的话总结出四组圆柱体之间形状关系的规律，这并不是很容易，需要有一定的经验积累。

❷ 它和带插座的圆柱体里四组圆柱体的有序变化是一样的，主要区别是：（1）彩色和木色；（2）无插槽和有插槽；（3）无握纽和有握纽。

❸ 彩色圆柱体与之前介绍过的带插座的圆柱体相似，都是为后续数学学习做准备的感官教具，而且做了颜色上的区分，更加受到孩子喜爱。

3.1.6 色板

教具构成

三组色板盒。

第一组，三原色色板盒（小方盒），包含3对红、黄、蓝色板，共6块色板。

第二组，11对色板盒（长盒），包含红、黄、蓝、绿、紫、橙、粉、棕、黑、白、灰11种颜色，每个颜色有1对，共22块色板。

第三组，渐变色板盒（大方盒），有9个分格，每种颜色从最深到最浅有7块色板，分别包含红、黄、蓝、绿、紫、橙、粉、棕、灰9种颜色，共计63块色板。如图3.6所示。

图3.6 色板

教具目的

1️⃣ 培养对颜色的敏锐感知力。

2️⃣ 辨别细微差别，提高视觉敏感性。

示范操作

● 第一组

1️⃣ 取来第一组三原色色板盒和工作毯，把所有色板取出来放置在工作毯上。

2️⃣ 用拇指和食指先从盒中选出一块红色的色板，放在工作毯上，然后拿出另一块红色的色板摆在第一块红色的旁边，将其并列摆放，可以很清晰地看见两块色板是一样的红色，这就是配对。

③ 取出一块黄色的色板放在工作毯上，再找出

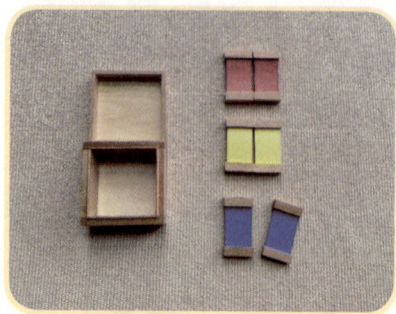

图3.7 第一组色板配对

另一块黄色的色板与之配对，两块黄色色板对齐放置；接着以同样的方式，取出两块蓝色色板进行配对。如图3.7所示。

④ 三对三原色色板配对完毕后，垂直对齐摆放进行对比观察，再一对一地收回盒中。

⑤ 收回教具和工作毯。

● 第二组

① 取来第二组的色板盒和工作毯。

② 从11对色板中，首先挑选出三原色的6块色板放置在工作毯上，先进行三原色色板的配对。

③ 在盒中剩下的色板里，挑选另外3种不同颜色的6块色板，如绿、紫、橙色，拿出摆放至工作毯上，用第一组学到的配对方式进行配对。

④ 然后继续取盒中剩余的3种颜色的6块色板，如粉、棕、灰色，摆放至工作毯上，进行配对。

⑤ 将剩下的黑色和白色4块色板取出，进行配对。

⑥ 将11对色板垂直对齐摆放进行对比观察，之后把所有色板混在一起，打乱顺序，再次进行所有色板的配对。如图3.8、图3.9所示。

图3.8 第二组色板打乱顺序

图3.9 第二组色板配对

7 配对完毕后，再一对对地将色板收入色板盒中，收回教具和工作毯。

● 第三组

1 取来第三组的色板盒和工作毯，挑选任意一种颜色，如蓝色，把这个颜色的所有色板全部找到并摆到工作毯上。

2 通过观察所有的蓝色色板，在乱序中找到颜色最深的一块，摆在工作毯偏上的位置，再从剩余的色板中找到颜色最深的一块对齐摆在第一块的下面，对比可以发现颜色比第一块浅一点，但比剩余的深一点。

3 以此类推，每次都找出剩余色板中颜色最深的那一块，摆到上一块的下面，直到完成最后一块的摆放。

4 完成后，可以看到蓝色色板按从深到浅的顺序排列；继而用同样的方法，对第三组色板盒中的其他颜色进行渐变色排序。如图3.10所示。

5 收回教具和工作毯。

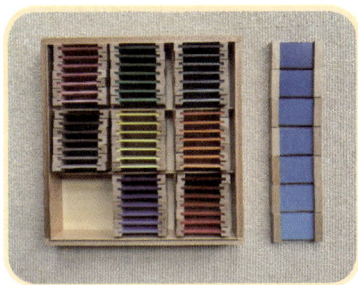

图3.10 第三组渐变色排序

1 远距离配对。选取两个地点，例如，把第二盒的11对颜色相同的色板分别放在两个不同的房间，给孩子展示一个颜色，让其去另一个房间里拿取颜色相同的色板。

2 语言距离配对。例如，拿出第三盒所有渐变的绿色，让孩子先拿颜色最浅的一块，再拿颜色稍微深一点的一块，慢慢过渡，最后拿的就是颜色最深的那一块。

3 环境配对。可以带着色板盒在室内或室外，寻找和色板一样颜色的物品，让孩子多多感知身边和大自然的色彩，增加色彩审美感知和寓教于乐的趣味。

参考年龄

2～4岁。

特别说明

1 色板里的配对是数学启蒙范畴里十分重要的一个能力，完全相同的两个实物做配对也是最基础的。

2 三组色板盒对应孩子不同的色彩认知能力，第一盒相对简单，适合2岁左右刚开始接触颜色的孩子，需要配合三段式语言教学法；第二盒难度适中，适合3岁左右的孩子做配对的练习；第三盒最难，适合3.5岁的孩子根据色阶做排序的工作。

3 也可以在桌子上进行，把工作毯换成桌子即可。

3.2 感官几何

数学主要包含算术、几何和代数三大部分，几何是其中非常重要的一环。常听教师或家长说，孩子的几何思维不太好，主要表现在空间立体思维方面。

虽然我们生活的环境里充满着几何和代数，但环境却没有帮我们总结提炼出抽象的概念，这一切还需要我们带着疑问去观察寻找，调动极大的主观能动性，通过思考，把大千世界里几何和代数有关的东西抽象出来，这就是数理逻辑能力。

当然，分析、总结这些数理逻辑能力对孩子来说不是易事，尤其是学龄前儿童。培养这些能力不能从抽象的概念、推导的结果入手，而是要在孩子合适的年龄，给予他们准备好的环境、合适的方法和材料，让他们在自由摸索和反复操作的过程中，自己习得。这个能力不是孩子到了某一个年龄就能突然开窍的，敏感性是一步步培养的，它必须经历一个过程。我们更看重的是，孩子在过程中有所启迪、独立思考，而不是仅仅机械地完成示范的操作。

数学感官教育有着丰富的教具，可对孩子产生全方位的刺激。这些教具无可替代的地方在于它们把十分复杂的几何和代数问题全部具体形象化了，这在生活中是极其罕见的。

而且其体系里的算术、几何和代数都是融会贯通的，不是割裂的、毫无联系的三个部分。有时候同一个教具既可以是几何方面的好工具，也可以是很棒的算术教具。

3.2.1 几何图形橱柜

教具构成

一个带6层抽屉的木制橱柜，顶层是示范层。

6层抽屉中的嵌框镶嵌着不同的带握纽的平面几何图形。

第一层有6个圆形：直径从10厘米到5厘米递减。

第二层有6个高相等的长方形：横向宽度从与高等长开始递减。

第三层有6个规则多边形：五边形、六边形、七边形、八边形、九边形和十边形。

第四层有6个特殊四边形：菱形、直角梯形、平行四边形、等腰梯形等。

第五层有4个弧形形状：圆弧三角形、椭圆形、卵形和花形。

第六层有6个三角形：等边三角形、等腰直角三角形、等腰锐角三角形、不等腰锐角三角形、等腰钝角三角形、不等腰钝角三角形。如图3.11所示。

配套的实心、粗框、细框三种投影卡片。

图3.11 几何图形抽屉第六层

教具目的

1. 培养对各种形状的辨别力，熟悉形状名称。
2. 进一步提高视觉敏感性，初步认识各种形状的特征等。
3. 了解边、角、高、直角、锐角、钝角、弧等概念的实际含义。

示范操作

① 取来几何图形橱柜和工作毯。介绍教具名称，再双手打开第一层抽屉，取出抽屉放在顶层示范层。如图3.12所示。

② 左手的食指、中指并拢，并与拇指配合捏住握纽，取出最大的一块圆形，用右手的食指、中指并拢，绕圆形的边缘滑动一圈，之后放置在工作毯上。

③ 放下后，继续用右手的食指、中指围绕几何嵌板框滑动一圈。

图3.12 顶层示范层

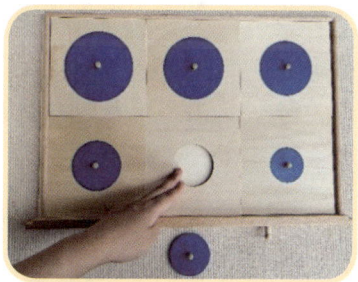

图3.13 圆形嵌板框

④ 把最大的圆形放回嵌板框内，让孩子可以看见嵌板框和拿出来的圆形大小是一模一样的。如图3.13所示。

⑤ 用同样的方式做剩余的圆形，直至完成第一层的所有圆形。

⑥ 采用三段式语言教学法，每次示范三个不同的图形的名称。

⑦ 收回教具和工作毯。

练习和拓展

① 按示范操作的方法，邀请孩子来做其他层的形状。

② 拿出配套的实心投影卡片，打乱抽屉图形顺序，玩一

一对应的匹配游戏。

③ 平时可以拿剪刀和纸片进行剪纸活动来自己制作形状。

参考年龄

3.5～5岁。

特别说明

① 几何图形橱柜里面涉及的图形比较多，不要求孩子第一次就全部掌握，所有的教具都是在反复的练习中，逐步熟悉而获得新的感悟。

② 认识图形也是，一次最多示范3个不同形状的名称，需要多次示范。

③ 孩子刚开始操作拿出和放回抽屉时，可能会遇到困难，也需要多次示范和练习以达到熟练。教具有错误控制，可以多次用动作示范，尽量不用过多的语言来解释。

④ 鼓励孩子进行多层抽屉的探索，将两个或三个抽屉混合进行练习，直到完成所有抽屉的图形操作。

3.2.2 长方形盒（1）

教具构成

一个木制带盖长方形盒，内含：

两片黄色等腰直角三角形，其中右侧腰上有一条黑色的错误控制线。

两片黄色不等腰直角三角形，其中最短的那条边上有一条黑色的错误控制线。

两片黄色等边三角形，其中一条边上有一条错误控制线。

两片绿色等腰直角三角形，其中斜边上有一条黑色的错误控制线。

两片绿色不等腰直角三角形，其中较长的那条直角边上有一条黑色的错误控制线。

两片灰色不等腰直角三角形，其中最长的边上有一条黑色的错误控制线。

一片红色不等腰直角三角形，其中较长的直角边上有一条黑色的错误控制线。

一片红色等腰钝角三角形，其中与钝角相对的那条边上有一条黑色的错误控制线。如图3.14所示。

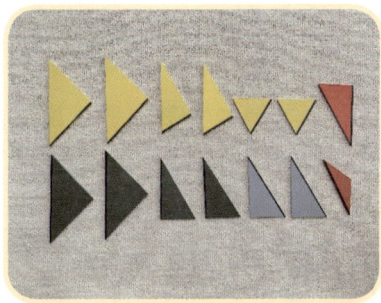

图3.14 长方形盒（1）中所有图形展示

教具目的

①通过不同的三角形建构不同的四边形。

②探索不同形状的三角形构成。

③对相等、面积、三角形和四边形等几何知识做间接预备学习。

示范操作

①取来教具和工作毯，介绍教具名称，再打开教具盒，先取出两片灰色不等腰直角三角形、两片绿色等腰直角三角形和两片黄色等边三角形。

②从灰色开始，拿出一片介绍这是"不等腰直角三角

形"，把另一片灰色的叠在第一片上面，完全重合，告诉孩子这两片是一样的，接着沿两片的错误控制线平移滑动，错误控制线重合后，构成了一个长方形，告诉孩子这是长方形。

③ 把灰色长方形移至工作毯左上靠边位置，再来看两片绿色的等腰直角三角形。

④ 同样地，先把两片绿色的等腰直角三角形重叠起来，发现两片三角形是一模一样的，再沿着错误控制线平移至重合，得到了一个正方形。

⑤ 以同样的方式操作两片黄色的等边三角形，最后得到了一个菱形。

⑥ 把前面得到的长方形、正方形和菱形水平摆放在工作毯中间，回顾一遍图形的名称，再移至工作毯靠上部分，腾出空间做下面的示范。如图3.15所示。

图3.15 长方形、正方形和菱形

⑦ 取出两片绿色的不等腰直角三角形、两片黄色的等腰直角三角形和两片黄色的不等腰直角三角形，用上述同样的方式建构出平行四边形。如图3.16所示。

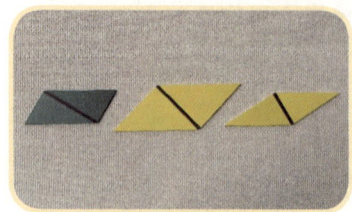

图3.16 平行四边形

⑧ 取出两片红色三角形：一片是不等腰直角三角形，另一片是等腰钝角三角形。它们两片不能重合，是不一样的，可以建构出梯形。如图3.17所示。

⑨ 等熟悉了之后，可以把所有三角形的顺序打乱，放置在工作毯上，重新一一建构。

⑩ 将这些图形收回盒中时，也按照建构好的四边形整齐地放入盒中，顺序是：最后做完的先收起来，即先收红色三角形，再收平行四边形，最后收长方形、正方形和菱形，再收回工作毯。

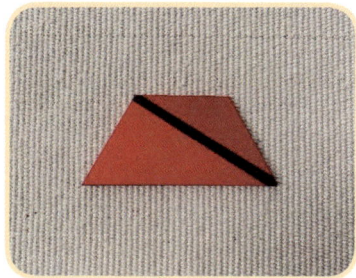

图3.17 梯形

练习和拓展

自由探索三角形建构的其他图形。

参考年龄

4～5岁。

特别说明

① 做示范和练习时，最好是三个三个地做，多了容易混淆。

② 若孩子有自己的想法，建构了不是四边形的图形，这也是很有意义的探索。

③ 这组建构图形的教具需要有上一节几何图形橱柜的操作经验，认识基础图形，在此基础上做进一步的加深理解和新的建构探索。

3.2.3 长方形盒（2）

教具构成

一个木制带盖的长方形盒，内含8片蓝色三角形：两片等边三角形、两片等腰直角三角形、三片不等腰直角三角形和一片等腰钝角三角形。

教具目的

① 探索不同几何形状的三角形构成。

② 对相等、面积、三角形和四边形等几何知识进行间接预备学习。

示范操作

① 取来教具和工作毯，介绍教具名称，再打开盒子拿出所有蓝色三角形，放在工作毯上。如图3.18所示。

② 观察所有的三角形，先找出可以两两重叠

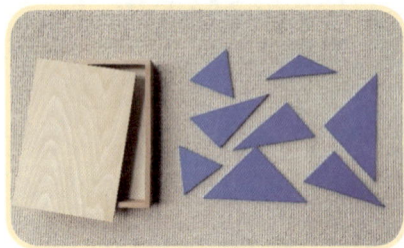

图3.18 长方形盒（2）中所有的三角形

的三角形，将其叠放好摆在工作毯上，把不能重叠的放在一旁。

③ 在叠放的三角形里，找到两片不等腰直角三角形，把这两个三角形的斜边相对，左手压住其中的一片不动，右手压在另一片的斜边上，沿着左手压住的那一片的斜边进行移动，建构出长方形。

④ 这两片不等腰直角三角形，还可以沿着相对应的直角

边进行平移滑动，建构出不同的平行四边形。如图3.19所示。

⑤ 用同样的方式把剩下的可重叠的三角形，进行平移滑动，建构出长方形、正方形、菱形。

⑥ 还剩一片不等腰直角三角形和一片不等腰钝角三角形，它们可以建构一个梯形。如图3.20所示。

⑦ 收回教具和工作毯时，注意先收最后完成的梯形，再收菱形、正方形、长方形和平行四边形，把它们整齐地放入盒中。

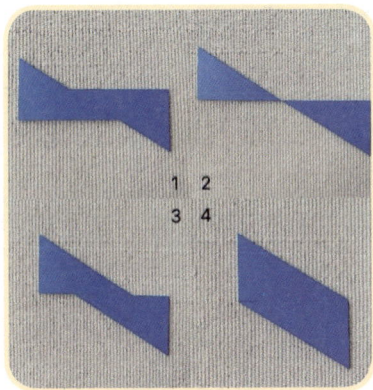

图3.19 平移建构平行四边形

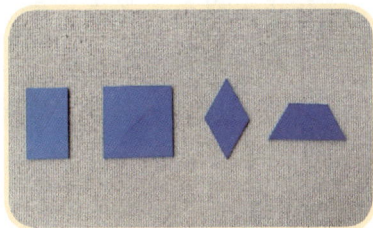

图3.20 长方形、正方形、菱形和梯形

练习和拓展

① 两片相同的可重叠的三角形，沿着不同的边进行平移滑动，有多种可能性。例如，两片等腰直角三角形还可以建构新的三角形和不规则图形。

② 围绕某个三角形的同一个角或同一条边，在相同或不同的三角形之间进行新的建构探索。

参考年龄

4～5岁。

❶ 教具没做颜色区分，全是蓝色，也没有错误控制线，这样是为了鼓励孩子自由探索。示范语言应尽可能简洁。

❷ 鼓励孩子尽可能多地尝试可建构的规则或不规则图形，感受三角形的神奇建构力量。

3.2.4 等边三角形盒

教具构成

一个木制带盖等边三角形盒，内含：一片大的灰色等边三角形，没有错误控制线；两片绿色的不等腰直角三角形，长直角边分别有一条黑色的错误控制线，一片刚好是灰色大三角形的一半；三片黄色等腰钝角三角形，腰上分别有黑色的错误控制线，一片刚好是灰色大三角形的1/3；四片红色的等边三角形，其中三片的边上有一条黑色的错误控制线，还有一片是三条边上都有黑色的错误控制线。

教具目的

❶ 将等边三角形分解成不同数量、不同类型的小三角形。

❷ 探索由三角形构成的平面图形。

❸ 对相等、等分、底边、斜边、直角边、角等几何知识进行感官预备。

示范操作

❶ 取来教具和工作毯，介绍教具名称，再打开三角形盒，一块一块地取出所有三角形，分开摆在工作毯上。

② 先找出灰色的大等边三角形，告诉孩子这是等边三角形，放在左上位置。如图3.21所示。

③ 取出相同的两片绿色三角形，叠在一起检查，之后再沿着错误控制线进行平移滑动，建构出和灰色等边三角形一样的等边三角形。

④ 将建构好的绿色等边三角形水平放在灰色大三角形的右边，通过对比观察发现它俩是一样的。如图3.22所示。

⑤ 接着，取出三片黄色的等腰钝角三角形，用同样的方式建构出和灰色大等边三角形一样的图形，也水平放置在绿色三角形的右边。如图3.23所示。

⑥ 取出四片红色的等边三角形完成建构，也得到了和灰色大等边三角形一样的三角形。如图3.24所示。

⑦ 将灰色、绿色、黄色和红色的大等边三角形排列在一条水平线上，通过观察比较，

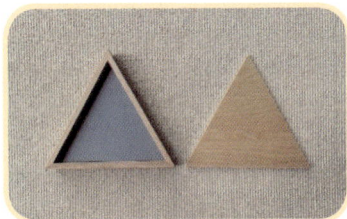
图3.21 灰色等边三角形

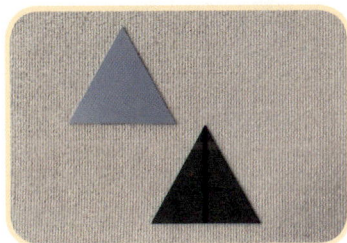
图3.22 绿色等边三角形

图3.23 黄色等边三角形

图3.24 红色大等边三角形

发现它们的大小是一样的。如图3.25所示。

图3.25 四个大小一样的等边三角形

8 收回教具时，依然是按最后建构好的先收的原则，先收红色，再收黄色、绿色和灰色（这样下次拿取时，可以先拿出灰色），最后收回工作毯。

练习和拓展

1 打乱所有教具的顺序，邀请孩子独立工作。

2 孩子熟悉了建构操作之后，根据孩子的接纳度，可以回顾和拓展介绍以下几何概念：相等、等分、底边、斜边、直角边、直角、锐角、钝角、高、中点、面积等。

3 通过练习按照形状剪纸，对形状和形状之间的关系做进一步探索。

参考年龄

4～5岁。

特别说明

本教具的错误控制有两个，一个是灰色大等边三角形，另一个是错误控制线，孩子练习时，完全可以通过这些来自我纠错、自我验证。

3.2.5 大六角三角形盒

教具构成

一个带盖的大六角形木盒，内含：

六片黄色等腰钝角三角形，其中有三片的黑色错误控制线在长的斜边上，另外三片在两条边上各有一条黑色错误控制线。

一片黄色等边三角形，三条边分别有一条黑色的错误控制线。

两片红色等腰钝角三角形，在长的斜边上有一条黑色的错误控制线。

两片灰色等腰钝角三角形，其中一条边上有一条黑色的错误控制线。

教具目的

1 继续探索感知不同类型三角形的合成与分解。

2 掌握由特殊三角形合成与分解正六边形的方法。

3 掌握正六边形可分解成三个相等菱形的方法。

4 对相等、面积等几何知识进行感官预备。

示范操作

1 取来教具和工作毯，介绍教具名称，再打开盒盖，将所有三角形一块一块地取出，分开摆在工作毯上。

2 先找出黄色等边三角形，告诉孩子这是等边三角形，放在左上位置。

3 找出两片红色等腰钝角三角形，根据错误控制线，建构出菱形，放在黄色等边三角形右边。

④ 找出两片灰色的三角形，根据错误控制线，平移滑动，建构出平行四边形，放在菱形的右边。如图3.26所示。

图3.26 等边三角形、菱形和平行四边形

⑤ 剩下的是六片黄色的等腰钝角三角形，它们的形状和面积都是一样的，用其中两边有黑色错误控制线的三片，建构出一个大的等边三角形；用三片长斜边有一条黑色错误控制线的三角形和那片黄色等边三角形建构出一个正六边形。如图3.27和图3.28所示。

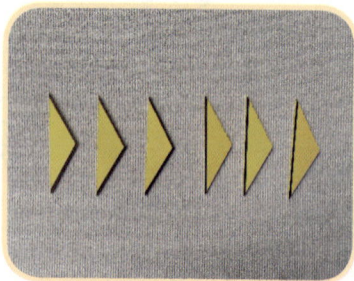

图3.27 六片等腰钝角三角形

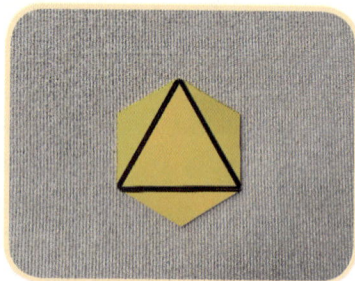

图3.28 正六边形

⑥ 将这个正六边形里的三片等腰钝角三角形沿着错误控制线，向内翻至中间黄色大等边三角形上面，如图3.29所示，得到两个可重叠的等边三角形。

⑦ 通过观察所有的黄色三角形，可以发现最大的那一片黄色等边三角形和三片两边有错误控制线的等腰钝角三角形构成的大等边三角形也是可重叠的，它们的形状和面积相

同，可以替换。如图3.30所示。

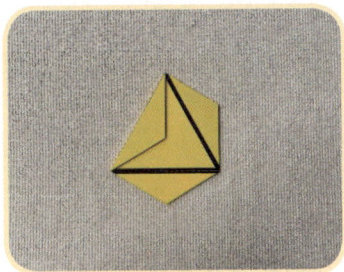

图3.29 正六边形向内折叠

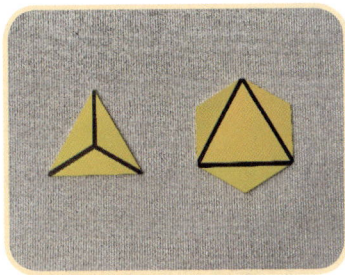

图3.30 两个相等的等边三角形

8 于是，正六边形就变成了由六个形状与面积相同的等腰钝角三角形构成。如图3.31所示。

9 然后，正六边形可以分成三个一样的菱形，而红色的菱形可以替换这三个菱形中的

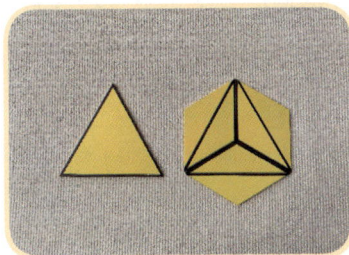

图3.31 替换正六边形里的等边三角形

任意一个。比较来看，红色的菱形和黄色的菱形是一样的。如图3.32和图3.33所示。

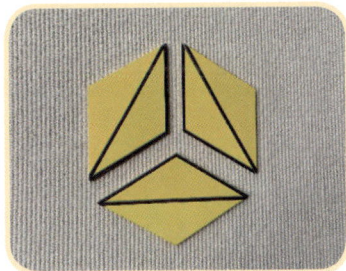

图3.32 正六边形分成三个菱形

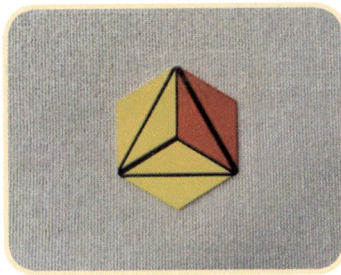

图3.33 红色菱形和黄色菱形相等

⑩ 滑动灰色的平行四边形，将两片灰色三角形的底边对齐，也可以建构出一个菱形，拿黄色、红色和灰色的菱形摆在一起做对比，都是一样的，可相互替换。如图3.34所示。

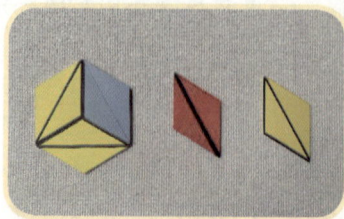

图3.34 灰色、红色和黄色菱形相等

⑪ 最后收回教具和工作毯。收回时按顺序先收黄色等边三角形，长斜边有错误控制线的三片等腰钝角三角形，再收两边有错误控制线的等边三角形，最后收红色和灰色的菱形。

练习和拓展

打乱所有教具的顺序，邀请孩子独立工作。

参考年龄

4～5岁。

特别说明

① 通过观察和操作，掌握正六边形可由六个相等的小等腰钝角三角形建构而成，而六个一样的小等腰钝角三角形，还可以建构出两个形状相同、面积相等的等边三角形，所以正六边形的面积等于两个等边三角形的面积之和。

② 正六边形可以平均分成三个相等的菱形。

③ 两个灰色的等腰钝角三角形可以建构成一个平行四边形，也可以建构成一个菱形，平行四边形和菱形的面积是相等的。

④ 以上这些规律都只需要示范，不需要用语言过多地描述。

3.2.6 小六角三角形盒

教具构成

一个木制带盖小六角形盒，内含：

六片灰色等边三角形，每一片都是两条边有错误控制线。

三片绿色等边三角形，其中有两片是只有一条边有错误控制线，还有一片是两条边有错误控制线。

两片红色等边三角形，两片都是其中的一条边有错误控制线。

教具目的

① 由六个等边三角形建构出一个正六边形，或三个相等的菱形，或两个相等的梯形。

② 由三个相等的菱形建构出正六边形。

③ 由两个相等的梯形建构出正六边形。

④ 对相等、面积等几何知识进行感官预备。

示范操作

① 取来教具和工作毯，介绍教具名称，再打开盒盖，取出所有的三角形，放在工作毯上。

② 找出所有的灰色等边三角形，沿着黑色错误控制线平移滑动建构出正六边形，如图3.35所示，摆在工作毯左上角。

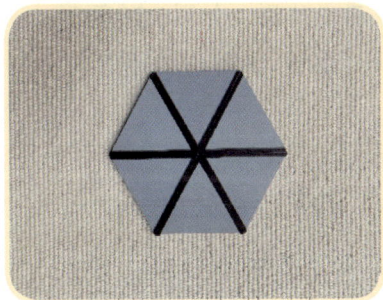

图3.35 六片灰色等边三角形拼成正六边形

③ 接着找出三片绿色等边三角形，沿着黑色错误控制线建构，得到一个绿色梯形，如图3.36所示，移至正六边形右边。

图3.36 三个绿色等边三角形拼成梯形

④ 剩余两片红色的三角形，用同样的方式建构，得到一个红色菱形，如图3.37所示，移至梯形右边。

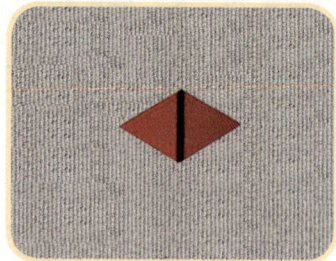

图3.37 两片红色等边三角形拼成菱形

⑤ 把灰色的正六边形移下来，将它上下分开，平分成两个相等的梯形。如图3.38所示。

⑥ 将绿色的梯形与上面分割成的两个灰色的梯形对比，发现它们形状、大小是一样的，于是可以将绿色的梯形代替其中一个灰色梯形，与另一个灰色梯形建构成正六边形。如图3.39所示。

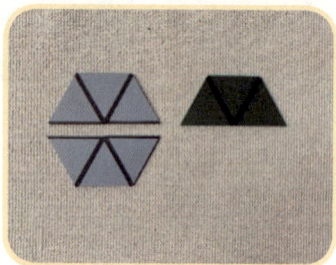

图3.38 灰色正六边形分成两个梯形

⑦ 再将所有的灰色三角形建构成正六边形，继续分解成其他形状。

⑧ 将灰色正六边形分解成三个相等的菱形，这时拿前面得到的红色菱形进行

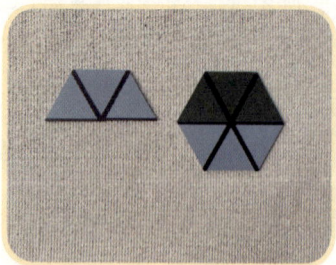

图3.39 绿色梯形和灰色梯形一样，可替换其中一个，建构成正六边形

对比，发现红色菱形的形状、大小和这三个灰色菱形是一样的，可以相互替换。如图3.40、图3.41所示。

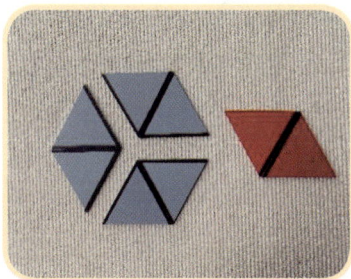

图3.40 灰色正六边形分成三个相等的菱形

图3.41 红色的菱形和灰色的菱形相等，可替换其中一个，建构成正六边形

⑨ 收回教具和工作毯。先收灰色正六边形，再收绿色的梯形和红色的菱形。

练习和拓展

打乱所有教具的顺序，邀请孩子独立操作。

参考年龄

4～5岁。

特别说明

① 观察可发现这盒三角形全是大小相等的等边三角形，六片同样大小的三角形就可以建构成一个正六边形。

② 建构出来的正六边形可以分解成两个梯形或者三个菱形。

③ 这个阶段孩子已经对三角形非常熟悉了，多鼓励他们进行自由的重叠、排列、建构和对比，倾听他们的分析和讲解。

3.2.7 蓝色三角形盒

教具构成

木制带盖长方形盒，内含12片蓝色的不等腰直角三角形。如图3.42所示。

教具目的

对不等腰直角三角形进行自由探索。

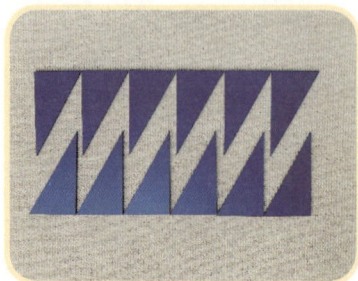

图3.42 12片相等的蓝色不等腰直角三角形

示范操作

① 取来教具和工作毯，介绍教具名称，打开盒盖，将盒内所有的三角形摆到工作毯上。

② 先拿两个建构成一个等边三角形，然后拆解，尝试重新建构等腰钝角三角形、长方形、平行四边形和不规则四边形。如图3.43所示。

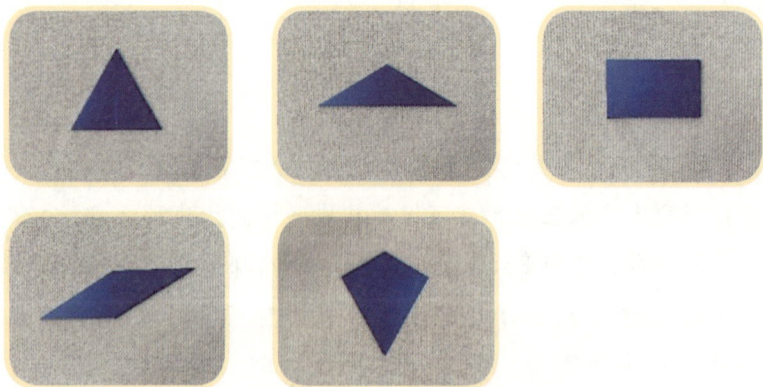

图3.43 两片蓝色不等腰直角三角形可拼成的图形

③ 再增加两片，用四片建构成菱形、正方形、长方形、飞镖形状或者其他不规则图形。如图3.44所示。

④ 接着继续增加三角形的片数，以建构更多的几何图形。

⑤ 收回教具和工作毯。教具收回时，注意摆放成和盒子一样的长方形。

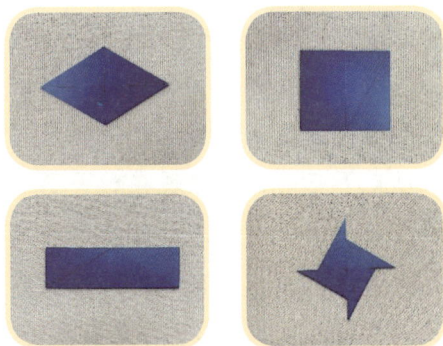

图3.44 四片蓝色不等腰直角三角形可拼成的部分图形

【练习和拓展】

让孩子发挥想象，建构出各式各样的图案，尝试用更多的三角形建构更多的图形。如图3.45所示。

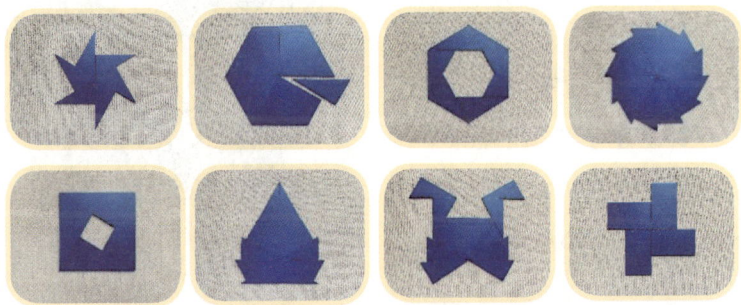

图3.45 蓝色不等腰直角三角形的自由搭建

【参考年龄】

4～5岁。

特别说明

这一盒教具没有错误控制线，是可以自由发挥想象的一组不等腰直角三角形。自由搭建的练习可为将来几何知识的学习打下基础，就像现在种下了很多的感官几何图形的小种子，未来学习到概念的时候便会开花结果。跟毫无感官启蒙的孩子相比，孩子在这方面的敏感性会有一定的优势，所以启蒙阶段自由探索越多，越有好处。

3.2.8 渐层几何形状

教具构成

由三组渐层几何形状组成，分别是红、黄、蓝三种颜色的圆形、正方形和等边三角形。每种颜色、每种形状都由10片组成，最大的边长或直径有10厘米，最小的1厘米，从大到小逐层递减1厘米。它们按颜色分别放在三个带盖的盒中。如图3.46所示。

图3.46 渐层几何形状

教具目的

① 初步认知形状名称，了解线、角和周长等概念。
② 初步用感官体验内切圆、外切多边形等概念。
③ 探索平面渐层形状之间的关系和规律。

示范操作

① 取来教具和工作毯。把三盒渐层几何形状打开，放在工作毯上。挑选其中一个颜色进行示范，例如红色。

② 把盒中所有的红色形状片全部取出，摆在工作毯上，其他颜色的形状片收回。

图3.47 红色渐层图形——搭建正方形

③ 观察所有红色教具，有正方形、圆形和等边三角形，首先挑选出最大的一片正方形，平放在工作毯的中央位置。如图3.47所示。

④ 接着找出剩余正方形中最大的一片，摆放至上一片最大正方形上面的中间位置，四周留白的距离相等，按此方式，摆完所有的红色正方形，呈金字塔状。如图3.48所示。

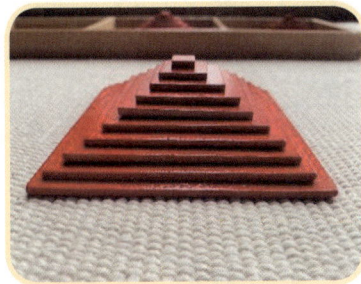

图3.48 正方形搭建金字塔形状

⑤ 然后，用同样的方式做圆形和等边三角形的金字塔摆放。如图3.49所示。

图3.49 圆形和等边三角形搭建金字塔形状

⑥ 收回教具和工作毯。

练习和拓展

① 正方形还可以向下对齐水平递减摆放，呈梯状。

② 将两组不同图形、相同颜色的几何形状混合摆放，探索具有数学对称美感的造型。

③ 将两组不同图形、不同颜色的几何形状混合摆放，探索图形与图形之间的更多关系。

参考年龄

4～5岁。

特别说明

渐层几何图形这套教具可以组合出很多极具数学美感的创意造型，但是孩子不一定能够按照我们的设想——搭建出来。这个时候，我们的目标还是以孩子的自由探索为主，我们可以做一部分创意的示范，同时也要尊重孩子的节奏和创意，启发孩子从中多进行关于形状和形状之间关系的思考，而不是依葫芦画瓢，机械地模仿。

3.2.9 几何立体组

教具构成

十个立体图形：长方体、正方体、四棱锥体、三棱锥体、圆锥体、三棱柱体、圆柱体、球体、椭圆体和卵形体。

配套有五张卡片和三个底座（底座用来放置球体、椭圆体和卵形体）。如图3.50所示。

图3.50 几何立体组

教具目的

① 初步认识几何立体图形的名称和基本特征。

② 了解边、角、高、顶、底、棱、线、面和体等概念的实际含义。

③ 加深对平面和立体图形关系变化的感知，预习立体几何。

示范操作

① 一般采用提篮放立方体图形，取教具放在桌面上。

② 取其中外观差异较大的三个立体图形，例如球体、长方体、圆锥体。如图3.51所示。

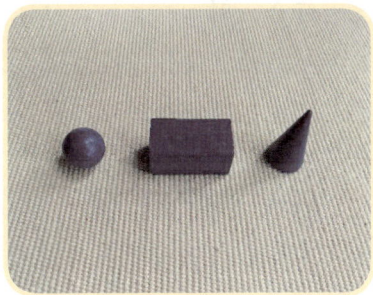

图3.51 球体、长方体和圆锥体

③ 用三段式语言教学法，先命名，告诉孩子这是什么形状；再要求辨认，让孩子根据名称指认或者指着其中一个说出名称；最后挨个确认，提问孩子这是什么。

④ 经过多次示范，直到孩子认识所有的立方体。

⑤ 拿出五张配套的卡片，摆在桌上，介绍每张卡片形状的名称，它们分别是长方形、正方形、等腰锐角三角形、等边三角形和圆形。如图3.52所示。

图3.52 几何立体组的配套卡片

⑥ 先挑选出三张比较容易认出的卡片，例如长方形、正方形和等边三角形，需要找出这三张卡片相对应的立体图形。长方形对应长方体、正方形对应正方体、等边三角形对应三棱锥，这几个很容易找出来。如图3.53所示。还有一些别的情

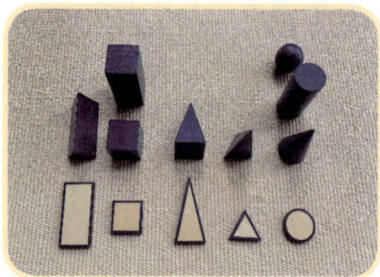

图3.53 几何立体图形和配套卡片

况也符合，例如这里的圆柱体侧面摆放时，从顶部往下看也是长方形；长方体和四棱锥竖着摆放时，从顶部往下看也是正方形；三棱柱竖着放对应的是等边三角形（这里介绍观看立体图形是否对应卡片，需要从上往下垂直地看）。

⑦ 再来看圆形。通过观察和比较，我们发现球体、圆柱体、圆锥体、椭圆体和卵形体都可以对应圆形卡片。

⑧ 收回教具和工作毯。

练习和拓展

为了培养孩子对立体图形的敏感性，可以戴上眼罩，仅用双手触摸感知记忆。需要打乱所有教具的顺序，邀请孩子独立操作。

参考年龄

3.5～5岁。

特别说明

①几何立体组教具中的立体形状有棱有角，球体比较光滑，要注意轻拿轻放。

②对应卡片的练习不要求孩子全部掌握，但可以多启发孩子自己去发现。

3.3 感官代数

在数学里，代数和几何是不分家的，它们之间有着千丝万缕的联系。虽然在低幼启蒙阶段，我们无法直接向孩子深入地介绍代数，但是我们知道，几何图形是帮助理解和分析代数关系的一大利器，所以我们在这里从几何图形开始入手，让代数启蒙悄然变为好玩的搭积木游戏！

这一节介绍的感官教具看上去可能使人无法将其与代数联系起来，但其实它们是二项式、三项式和十项式的具体而清晰的一种表达形式。数学启蒙教育对于知识点的分解不是机械地揉碎来讲，而是十分科学且过渡自然的，这才符合这个阶段孩子的认知能力，也就是用孩子能够听得懂、看得懂的方式种下一颗代数的种子，再借助逐步抽象的教具，一步一步地将孩子引领到小学、中学甚至更高阶段的学习内容里去。

有人会认为这些"超纲"的学习对孩子并不好，这其实是对数学启蒙的一种误解。数学感官启蒙的学习过程自然而连贯，它并不是把抽象和复杂到孩子根本接受不了的知识灌输给孩子，而是循序渐进地将孩子带到一个个实实在在的教具面前。孩子通过自己观察、摸索产生一系列的疑问，经过一次又一次的尝试和练习，一边积累大量的关于数学的生活和感官经验，一边发现一些数学的秘密。孩子也可以借助教具把自己带入更高阶段的学习，并且会学得轻松愉悦，印象深刻，这便是数学启蒙教具的特别之处。

3.3.1　二项式盒

教具构成

木制带盖的盒子，内含八块棱柱体，有颜色和大小的区分。

一块红色立方体。

三块红和黑相邻、大小不等的长方体。

三块蓝和黑相邻、大小不等的长方体。

一块蓝色立方体。

所呈现的代数方程式是 $(a+b)^2=a^2+2ab+b^2$。

盒盖和盒子侧面上有平面呈现图。如图3.54所示。

图3.54 二项式立方体

教具目的

1. 通过把小棱柱体搭建成立方体，理解三维空间的组合与分解、整体与部分的含义。

2. 通过建构立方体，理解方程式 $(a+b)^2=a^2+2ab+b^2$ 的证明过程。

3. 为在代数里找到平方根做预备。

示范操作

1. 取来教具并介绍教具名称。

2. 打开盒盖，将盒盖放在桌子右上角，盒子两侧朝我们打开。

3. 将木块由内向外一块块地取出来，摆在桌上。

4. 首先通过观察，找出最大的一块红色立方体，将它摆放至盒子的里侧，紧贴盒壁。

5. 接着找出两块黑色的立方体，高度和红色立方体一样，贴着红色立方体两侧摆放。如图3.55所示。

图3.55 二项式盒内建构

6. 再找出一块蓝色的立方体，刚好可以贴着两块黑色立方体的侧面摆放，完成第一层的建构。

7. 第二层的建构仍然是找到红色的立方体，摆放在红色立方体的上面。

8. 接着找到两块黑色的立方体，贴着第二层的红色立方体两侧摆放。

9. 最后一块是蓝色的小立方体，完成第二层的搭建。

⑩ 完成后，盖上盒盖，收回教具和工作毯。

练习和拓展

① 按照示范，邀请孩子独立操作。

② 盒内按颜色搭建：先搭建第一层红色立方体，再找到它上面的红色棱柱体，使红色和红色上下连接；再用同样的方式，找到颜色相同、大小匹配的进行搭建，先是黑色，最后是蓝色。

③ 盒外搭建。按照在盒子中的搭建方式，尝试用同样的方式在盒子外搭建两层立方体。如图3.56所示。

图3.56 二项式盒外搭建

④ 盒外分层搭建。在盒外进行分层建构，先搭建第一层，再在旁边搭建第二层，通过观察，发现第一层和第二层的形状、颜色和排列位置是一样的，但立体高度不一样。如图3.57所示。

图3.57 二项式盒外分层搭建

⑤ 盒外切割搭建。首先进行横向切割，用右手做出切割的手势，把第二层切开，用手托住第二层所有木块，全摆到第一层的旁边，观察发现第一层和第二层的形状、颜色和排列位置是一样的，但高度不一样；之后再托住第二层木块，放回第一层上面并对齐。如图3.58所示。然后进行纵向切割，用右手做出切割的

手势，把右半边切开，用手托住右半边所有木块，全摆到左半边的旁边，观察发现右半边和左半边的形状、颜色和排列位置是一样的，但厚度不一样，之后再托住右半边与左半边对齐合上。如图3.59所示。

图3.58 二项式横向切割

参考年龄

3～4岁。

图3.59 二项式纵向切割

特别说明

1 错误控制在盒盖上，而且如果搭建不正确，盒子就盖不上。

2 二项式教具需要孩子具备辨别颜色和形状大小的视觉能力，有一定的搭建积木的经验和三维想象力，先理解示范操作，再进行练习。

3.3.2 三项式盒

教具构成

木制带盖的盒子，内含27块棱柱体，有颜色和大小的区分。

红、蓝、黄色立方体各一块。

6块黑色长方体。

6块红和黑相邻、大小不等的长方体。

6块蓝和黑相邻、大小不等的长方体。

6块黄和黑相邻、大小不等的长方体。

图3.60 三项式立方体

所呈现的代数方程式是：

$(a+b+c)^3=a^3+b^3+c^3+3a^2b+3a^2c+3ab^2+3cb^2+3ac^2+3bc^2+6abc$

盒盖和盒子侧面上有平面呈现图。如图3.60所示。

教具目的

① 把小棱柱体搭建成立方体，理解三维立方体的组合与分解，整体与部分的含义。

② 通过建构立方体，理解方程式$(a+b+c)^3=a^3+b^3+c^3+3a^2b+3a^2c+3ab^2+3cb^2+3ac^2+3bc^2+6abc$的证明过程。

③ 为在代数里找到立方根做预备。

示范操作

① 取教具并介绍教具名称。

② 打开盒盖，将盒盖放在桌子右上角，盒子两侧朝我们打开。

③ 将木块由内向外一块块地取出，摆在桌上。

④ 首先通过观察，找出最大的一块红色立方体，将它摆放至盒子的里侧，紧贴盒壁。如图3.61所示。

⑤ 再找出两块黑色的长方体，高度和红色立方体一样，贴着红色立方体两侧摆放。

⑥ 接着找出一块蓝色立方体，且高度和这一层的木块相同，刚好可以贴着两块黑色长方体的侧面摆放。

⑦ 再找出两块黑色的长方体，可贴着上两块黑色长方体的另一侧面而摆放。

图3.61 三项式盒内搭建

⑧ 继续找两块黑色的长方体，高度和这一层相同，可以贴着上两块黑色长方体的另一侧面和盒壁而摆放。

⑨ 最后一块是黄色的小立方体，由此完成第一层的建构。

⑩ 用相同的方式，完成第二层和第三层的搭建。

⑪ 完成后，盖上盒盖，收回教具和工作毯。

练习和拓展

① 按照示范，邀请孩子独立操作。

② 盒内按颜色搭建。先搭建第一层红色立方体，再找到它上面两层的两块红色长方体，使红色和红色上中下连接；再用同样的方式，找到颜色相同、大小匹配的棱柱体进行搭建，先是黑色和蓝色，最后是黄色。

③ 盒外搭建。按照在盒子中的搭建方式，尝试用同样的方式在盒子外搭建三层的立方体。如图3.62所示。

④ 盒外分层搭建。在盒外分层建构第一层、第二层和第三层，水平方向依次排列好，通过观察，发现第一

图3.62 三项式盒外搭建

层、第二层和第三层的形状和颜色布局是一样的，但立体高度递减。如图3.63所示。

⑤ 盒外切割搭建。首先进行横向切割，用右手做出切割的手势，把第二层和第三层切开，依次用手托住第二层和第三层的所有木块，摆放至第一层的旁边，观察发现第一层和第二层的形状、颜色和排列位置是一样的，但高度递减。之后再依次托住第二层和第三层的木块，放回第一层上面并对齐。如图3.64所示。然后进行纵向切割，用右手做出切割的手势，把立方体沿着木块边缘切割成左、中、右三部分，依次用手托住中间和右边的所有木块，全摆到左边部分的旁边，观察发现左、中、右三部分的形状、颜色和排列位置是一样的，但厚度递减。之后再依次托住中间和右边，与左边部分对齐合上。如图3.65所示。

图3.63 三项式盒外分层搭建

图3.64 三项式横向切割

图3.65 三项式纵向切割

3.5～5岁。

特别说明

① 错误控制在盒盖上，而且如果搭建不正确，盒子就盖不上。

② 三项式指的是初等代数里项数为3的多项式，它比二项式多一项，更为复杂。需要孩子先具备更高水平的分类排序能力、三维立体认知能力和逻辑分析能力，再进行示范和练习。

3.3.3 十项式盒

教具构成

木制带盖的立方体盒，内含10个大小不同的小格，分别装着正方形和长方形的小木片。所有木片按不同颜色放在不同的小格中，分别是红、绿、粉、黄、浅蓝、紫、白、棕、深蓝和金色10种，代表数字1～10。如图3.66所示。

图3.66 十项式盒

教具目的

① 建构十项式正方形，为平方概念的理解进行预备。

② 根据形状、大小和颜色等变化，感知十项式的逐渐变化规律。

示范操作

1 取来教具和工作毯，把盒盖打开，介绍教具名称。

2 从盒中的每个小格中，先把正方形木片找出来，一共有10片，散放到工作毯上。

3 再从这10片大小不一的正方形中找到其中最大的一片（金色的），摆在工作毯中间靠上位置。

4 接着，找到剩余正方形里最大的一片（深蓝色的），叠放在上一片（金色）的上面的中间位置。

5 使用同样的方法，叠放完所有的正方形木片，建构出一个金字塔形状。如图3.67所示。

6 对金字塔形状进行观察后，拿下红色的正方形小木片，放在工作毯左上位置，接着拿出第二片绿色的正方形，斜对角摆放在红色的右下角。

图3.67 十项式正方形搭建金字塔形状

7 从盒中取出所有绿色的长方形木片，一片拼在刚刚摆放的绿色正方形的上方，另一片拼在绿色正方形的左边。红色木片加上三片绿色木片后，组合成了新的正方形。如图3.68所示。

图3.68 建构十项式正方形

8 接着，在金字塔上取下粉色的正方形，按上面的方法，摆在绿色长方形的右下角，绿色正方形右下尖角与粉色左上尖角连接。

⑨ 从盒中取出所有的粉色长方形木片，按粗细，从里到外，依次一对一地拼接在粉色正方形的上方和左方。

⑩ 然后，用同样的方式，进行后面颜色的操作，直到整个十项式正方形搭建完成。如图3.69所示。

⑪ 完成后收回教具和工作毯。

图3.69 建构好的十项式正方形

练习和拓展

① 根据示范，邀请孩子独立操作。

② 移除一种颜色。

按照示范搭建完成一个大正方形后，可以选择移除中间的某一种颜色。例如，移除棕色。

首先找到棕色的正方形木片，小心翼翼地将它移除，即把它取出放在工作毯其他位置，再按由粗到细的顺序，一对对地移除其他的长方形片，直到移除完所有的棕色木片。原来棕色部分的位置空了出来，接着需要把外圈的深蓝色木片向里一片片地平移，按照由细到粗的顺序，先移下方，再移右方的深蓝色木片，移动完成后把多出来的放在一旁。

以同样的方式移剩下的颜色，将多出来的木片叠放在一旁。邀请孩子练习移除其他的颜色。如图3.70所示。

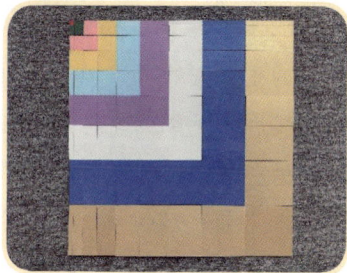

图3.70 移除了棕色的九项式正方形

③ 建构同颜色正方形。

把盒中所有颜色的木片取出，同颜色的叠放在一起，按红、绿、粉、黄、浅蓝、紫、白、棕、深蓝和金色的顺序垂直摆放在工作毯靠右的位置。

图3.71 建构同颜色的正方形

开始整理木片，从红色开始，只有一片正方形，摆在工作毯左上角，接着整理绿色木片，按从粗到细的顺序，从左至右摆放。先把正方形摆在和上面的红色木片对齐的下方，接着用长方形建构正方形，建构好了之后摆到绿色正方形木片上面进行检验，再摆放到正方形木片的右边。用同样的方式，建构所有剩余的颜色。如图3.71所示。

④ 建构二项式正方形。

把盒中所有颜色的木片取出，同颜色的叠放在一起，按红、绿、粉、黄、浅蓝、紫、白、棕、深蓝和金色的顺序垂直摆放在工作毯靠右的位置。先取最大的一片金色正方形，摆在工作毯中间位置，看看哪两个颜色组合可以同样建构出与金色的正方形大小相同的形状。

取来红色的正方形摆在金色正方形的右上角，接着取深蓝色的正方形也摆在金色正方形右面，与红色正方形右下角连接。然后取两片深蓝色的最细的长方形，分别摆在深蓝色正方形上方和左方，与红色正方形正好相接，建构完成二项式正方形。

再用同样的方式，尝试其他的颜色。对二项式正方形的探索，不局限于金色，还可以尝试其他颜色。邀请孩子练习建构其他颜色的二项式正方形。如图3.72所示。

⑤ 建构三项式正方形。

把盒中所有颜色的木片取出，同颜色的叠放在一起，按红、绿、粉、黄、浅蓝、紫、白、棕、深蓝和金色的顺序垂直摆放在工作毯

图3.72 建构二项式正方形

靠右的位置。先取最大的一片金色正方形，摆在工作毯中间位置，看看哪三个颜色的组合可以同样建构出与金色正方形大小相同的形状。

取红色的正方形摆在金色正方形左上角，接着取绿色的正方形摆在金色正方形上面，与红色正方形右下角相接。然后取两片绿色的最细的长方形，分别摆在绿色正方形上方和左方，与红色正方形正好相接。接着取白的正方形也摆在金色正方形上方，与绿色正方形右下角相接。然后取两片白色的最细的长方形和两片稍微粗一点的长方形，刚好可以分别摆在绿色正方形上方和左边，建构成一个三项式正方形。

用同样的方式，尝试其他的颜色。对三项式正方形的探索，也不局限于金色，还可以尝试其他颜色。邀请孩子练习建构其他颜色的三项式正方形。如图3.73所示。

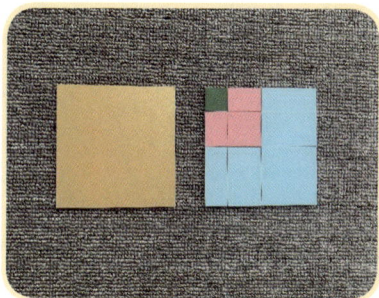

图3.73 建构三项式正方形

参考年龄

4～5.5岁。

特别说明

1 该教具在进行大正方形搭建时，所需空间比较大，需要提前准备足够大的空间。

2 十项式教具的操作是对孩子综合能力的考验，示范的内容也很多，需要让孩子有充足的时间和空间摸索、消化。

第4章

数字1～10

　　认识数字1～10，这几乎是所有人正式入门数学的第一课。有些家长可能认为数字1～10很简单，孩子两岁的时候就会数了，早就弄明白了。殊不知，数字1～10里面可有着大学问！可以说，整个数学启蒙阶段，只要真正弄明白1～10的内涵，再接触11～20，往后再做加减乘除就不会难了。

　　有很多孩子的确是在一两岁就会数数了，到三岁，有些孩子能从1数到100。不过，仅会数数离真正理解数量的含义还有差距。当然，如果孩子喜欢数数，这并没有什么坏处，但要避开一些错误的操作。例如，为了让孩子记住数字的书写形象，家长生硬地将数字与关系不明显的具象物体联系起来，教孩子1像铅笔、2像鸭子等，这样的联想记忆就偏离数学很远了。再如，在孩子不感兴趣的情况下，强行让其数数或者背诵乘法口诀表等，都会对孩子学习产生不同程度的负面影响。

　　有些孩子数东西时虽然在数数，但是却指2数3；还有些家长反映孩子不会做数字比大小的题，例如23和25比较，不知道哪个更大。这些就是典型的问题，符号都是抽象的，他们并不知道所数的数代表的量究竟是多少，也就是不能将数字与量对应起来。

　　那数字1～10的内涵究竟是什么呢？怎样引导孩子学习它们才好呢？

　　数字符号的内涵即数字对应的量，难点在于理解量。引导孩子理解量，应该从不同维度的具象开始。例如数字3，它的内容可以很丰富，它可以是3元钱、3天时间、3本书、3米长，这些量分别有着各自的维度。

　　数与量对应起来理解，才是理解数字的正确方法。家长可以和孩子一起真实地感受一番：把3本书堆放在一起数一数，3斤重的一袋米可以提一提，3米的长度可以量一量，给孩子3元钱去小卖店看看可以买到什么，等等。这样做，孩子可以感受到：噢，原来数字3的表达如此丰富，它是个数，可以对应相应的重量、长度、金钱等。接着再给孩子出些生活应用题，加以检验和巩固，例如数字2和数字8分别可以代表的量，最好拿实物来操作，进行量的比较和匹配练习。

　　在第3章的感官数学启蒙中，也有几个比较经典的建立秩序感的教具，例如红棒、棕色梯、粉红塔，还有带插座的圆柱体等，都是在帮助孩子不断地打开其数学心智，理解数字背后的本质含义。

　　有了生活上的经验和感官数学做铺垫，再来看看用于介绍数字1～10的一系列经典算术启蒙教具。

4.1 红蓝棒

教具构成

由10根红蓝相间的长棒构成，最长的一根是1米，剩余的9根红蓝棒长度逐步递减1分米，最短的一根是红色，长度是1分米。一般还配有1～10的数字符号卡片。如图4.1所示。

教具目的

① 感官体验数字1～10对应的量。

② 了解数字1～10的差异性、秩序性和精确性。

③ 了解数字对应的量可以由一个整体来表示。

示范操作

① 取来教具和工作毯，介绍教具名称，再把所有的红蓝棒散放在工作毯上。

图4.1 红蓝棒

② 按长短顺序排序，先选出最长的一根，摆放在工作毯中间靠上的位置。

③ 再拿取剩余红蓝棒里最长的一根，左对齐排列在第一根的下面。

④ 接着，按长度递减，依次拿取和摆放，直到拿完最短的一根。观察可发现红蓝棒呈梯形摆放。

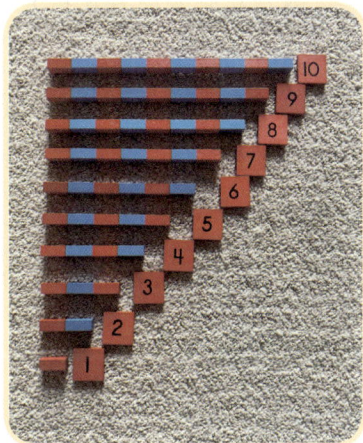

⑤ 取最短的三根，它们分别代表数字1、2和3。

⑥ 指着最短的红色棒子数1，再放下；拿起红蓝棒2，指着左边红色部分数1，指着右边蓝色部分数2；拿起红蓝棒3，指着左边红色部分数1，指着中间蓝色部分数2，指着右边红色部分数3。

⑦ 用同样的方式数完所有红蓝棒后，就可以知道红蓝棒代表了数字1~10。

⑧ 接着取数字符号卡片1~10，对应摆放至红蓝棒右侧，再从1~10指读一遍。

⑨ 完成后收回教具和工作毯。

练习和拓展

① 根据示范，邀请孩子独立操作。

② 10以内的加减法练习。

这里的加减法，只是通过教具操作，凭感官体验哪根红蓝棒和哪根红蓝棒摆在一起，同另一根红蓝棒一样长即可，不做加法和减法的概念解释。例如，红蓝棒4和红蓝棒1拼接起来与红蓝棒5一样长，另外红蓝棒3和红蓝棒2拼接也与红蓝棒5一样长。如图4.2所示。

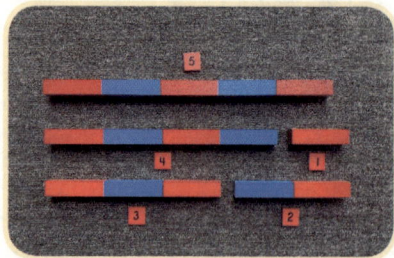

图4.2 建构红蓝棒5

参考年龄

3.5~4.5岁。

特别说明

1 红蓝棒是数学入门的经典教具之一。它和感官教具里的红蓝棒既相似又有区别。教具本身因为红蓝颜色区分，变化了就数一次，比如红蓝棒2，先指着红色数1，后指着蓝色数2，所以很直观地展现了数字1 ~ 10的含义，并且通过长度的递增可以明显感知到10以内数字依次递增的关系。也就是能从1排到10，知道每个数字都比前一个数字多1。

2 孩子的思维都是形象思维，家长示范和孩子操作时，都无须过多提示和讲解，比如最长的是哪根、递减、相加、等于这样的话语都不需要说，让孩子自己探索更重要。

4.2 砂纸数字

教具构成

一个无盖木制盒，内含10块大小相同的绿色木板，木板上分别写着0 ~ 9这10个数字，数字的材质是有粗糙感的砂纸，颜色是金色。

教具目的

1 了解数字0 ~ 9名称的读法。
2 肌肉记忆数字0 ~ 9的书写。
3 将数字0 ~ 9的名称与书写进行对应连接记忆。

示范操作

① 取来教具，介绍名称，把砂纸数字盒摆放到桌上中间。

② 先从盒中取出数字1，2和3，水平摆在桌上。如图4.3所示。

图4.3 砂纸数字

③ 拿起数字1，用右手食指触摸一次砂纸数字，告诉孩子这是1。

④ 用同样的方法示范数字2和数字3。

⑤ 继续运用三阶段教学法，按照数字从小到大的排列顺序，介绍剩下的砂纸数字。

⑥ 完成后收回教具和工作毯。

练习和拓展

① 根据示范，邀请孩子独立操作。

② 小游戏打电话。

先由我们口头报一个人的电话号码，或者在纸上写出这个电话号码，再邀请孩子用砂纸数字板组合出该电话号码，检验是否拿取正确。

参考年龄

3.5～4.5岁。

特别说明

反复触摸数字板上的数字表面，砂纸的粗糙感会引导孩子对数字的形状和书写形成肌肉记忆，还可以锻炼手指肌肉的灵活性和准确性，需要注意示范临摹数字时笔顺要正确。

4.3 纺锤棒箱

教具构成

两个相同大小的木箱，每个木箱各分成5格，在格子中印着有顺序的数字，其中一个印有数字0，1，2，3，4，另一个印有数字5，6，7，8，9。

45根一样的木制纺锤棒放在一个长方形木盒里。

一般配套有9根橡皮筋。如图4.4所示。

图4.4 纺锤棒箱

教具目的

1 掌握数字0的实际含义。
2 渗透数与量的集合的概念。
3 学习数字的自然排列顺序。

示范操作

1 取来教具和工作毯，打开盒盖，介绍教具名称。
2 首先取出一根纺锤棒，用橡皮筋在中间缠绕几圈，告诉孩子这是1，然后放入木箱印有数字1的格子中。

③ 接着取两根纺锤棒，放在手中，再数一遍，之后用橡皮筋把两根纺锤棒缠绕在一块，表示一个集合，告诉孩子这是2，并且把它放入木箱中印有数字2的格子中。

④ 把3根纺锤棒用皮筋绑起来，放在印有数字3的格子中。

⑤ 以此类推，直到拿完45根纺锤棒。

⑥ 可以问问孩子还有没有纺锤棒，接着告诉孩子什么都没有了就是0，然后在木箱印有数字0的格子中，什么都不放。如图4.5所示。

⑦ 完成后收回教具和工作毯。

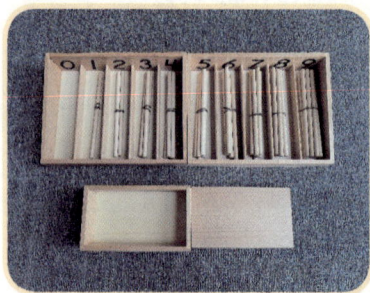

图4.5 纺锤棒箱数字0代表什么都不放

练习和拓展

根据示范，邀请孩子独立操作。

参考年龄

3.5～4.5岁。

特别说明

在操作时，按数取量，然后用橡皮筋绑起来的作用，实际上是在巩固数对应量的整体性。如此给孩子形成一个印象：量可以是整体的，也可以是零散的。平时生活中看到的量通常都是零散的，教具可以让孩子感知量的整体性。

4.4 数字与筹码

　　一个木制带盖的盒子，内含数字卡片1～10以及55个红色圆形筹码。如图4.6所示。

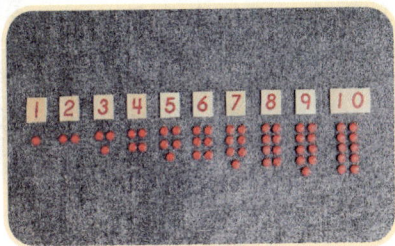

图4.6 数字与筹码

1 加深理解数和量的一一对应。

2 理解数对应的量也可以由一个个分开的量构成。

3 了解数可分为奇数和偶数。

1 取来教具和工作毯。

2 打开教具盒，介绍教具名称，将盒中的数字和筹码取出，散放在工作毯上。

3 整理所有的数字1～10，按顺序从左至右水平摆放。

4 当所有的数字都摆放好后，从数字1开始，将一个红色筹码放到数字1的下面，告诉孩子这是1。

5 指着数字2，将两个筹码并排摆在数字2的下面，确定筹码都是成对摆放，再告诉孩子这是2。

6 同样，再把三个筹码放到数字3的下面，前面两个筹码和摆放数字2的时候一样，成对并排摆放，但第三个筹码要放在第二排中间位置。

⑦ 按同样的方式，继续把所有的数字卡片和筹码对应摆放无误。

⑧ 之后把数字2，4，6，8，10和对应的筹码全部往上移动，让所有的偶数在上面成一排，奇数在下面成一排，位置不变，这样可以清楚地展示出奇数和偶数。如图4.7所示。

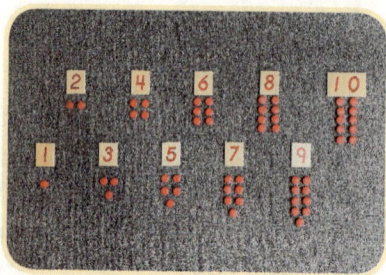

图4.7 建构奇数和偶数

⑨ 邀请孩子观察筹码的排列，就能自然地发现奇数和偶数的差别。成对的是偶数，单出来一个的是奇数，偶数在上面，奇数在下面。

⑩ 告诉孩子：像这样成对出现、有好朋友一起的都是偶数，然后说出它们的名字——2，4，6，8，10；像下面几个单着的、没有好朋友一起的是奇数，然后说出它们的名字——1，3，5，7，9。

⑪ 收回教具和工作毯。

练习和拓展

❶ 根据示范，邀请孩子独立操作。

❷ 在偶数筹码里还隐藏了乘法，例如数字6，下面有3对筹码，实际就是2×3；数字8，下面有4对筹码，就是2×4。但此处不用解释乘法，只需要告诉孩子，6个筹码可以摆成3排，每一排是2个，他们看见了即可。

3.5～4.5岁。

1 这项练习只有在所有筹码摆放正确的前提下，筹码才能刚好用完。如果发现筹码多余或不足，可以自行纠正。

2 这里展示的奇数和偶数，孩子已经非常直观地看见了，不需要再过多地解释概念。

4.5 彩色串珠

由10根颜色不同、按长短顺序等差排列的串珠组成。它们的颜色是红、绿、粉、黄、浅蓝、紫、白、棕、深蓝和金色，分别代表数字1，2，3，4，5，6，7，8，9和10，每串串珠的珠子个数和对应的数字是一样的。如图4.8所示。

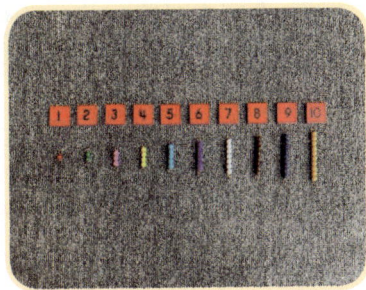

图4.8 彩色串珠

1 通过颜色和长度变化来感受数量的序列变化。

②培养10以内数量的点数能力。

③理解10以内数与量的一一对应。

示范操作

①取来教具和工作毯，介绍教具名称，再把所有的彩色串珠散放在工作毯上。

②按长短顺序排序，先选出最长的一串——金色串珠十，横着摆放在工作毯中间靠上的位置。

③再拿取剩余彩色串珠里最长的一串——深蓝串珠九，居中紧挨着横放在金色串珠的下面。

④接着，长度递减依次拿取和摆放，直到拿完最短的一串——红色串珠。

⑤这时观察可发现彩色串珠呈倒三角形。

⑥取最短的三串，它们分别代表数字1，2和3。

⑦左手拿起最短的红色串珠，注意拿取时左手拇指和食指抓握铜丝部分，不遮挡到珠子，指着珠子数1，再放下，摆放在工作毯左边中间位置。

⑧拿取绿色串珠二，指着第一颗珠子数1，指着第二颗珠子数2，再摆放到工作毯上红色串珠的水平右侧。

⑨拿取粉色串珠三，指着第一颗珠子数1，指着第二颗珠子数2，指着第三颗珠子数3，再放下摆在绿色串珠右侧。

⑩用同样的方式数完所有彩色串珠后，就可以知道彩色串珠分别代表数字1~10。

⑪取来数字符号卡片1~10，对应摆放至彩色串珠的下方，再从1~10指读一遍。

⑫完成后收回教具和工作毯。

练习和拓展

①根据示范，邀请孩子独立操作。

②比较10以内大小。例如，拿来粉色串珠三和黄色串珠四比较，把它们齐上摆放，很容易看出黄色的串珠比粉色的长，所以4>3。比大小实际是量的大小比较，这样做练习，孩子很容易理解，练习时尽量不要脱离实物。如图4.9所示。

图4.9 彩色串珠四和三

③练习10以内加减法。例如，拿来粉色串珠三和黄色串珠四，提问孩子，这两根串珠放在一起，一共是多少颗珠子。接着让孩子一颗一颗地数，最后得出答案。答案是七，再在剩余的彩色串珠中找出白色串珠七。10以内加减法不涉及进位和退位，重点在于锻炼点数的能力。如图4.10所示。

图4.10 彩色串珠三和四放在一起得到七

参考年龄

3.5~4.5岁。

特别说明

彩色串珠小巧精美，是很受孩子喜爱的一组教具。特别是倒三角形呈现时，把数字1～10精确的序列感展现出来了。它们每一种颜色的区分也将一并刻入孩子的脑海中，例如棕色代表8，白色代表7。在之后的学习中，串珠还有很深的拓展，包括倍数串珠、百串珠和千串珠等。

第5章

连续数数

数学不只是数数，数数却是数学基础中的基础。

数数不只是从1数到100，数数还可以正着数、倒着数、连续数和跳着数，它更是一种能力。

现在的孩子普遍记忆力好，于是数数和其他许多信息一样，早已深入孩子的大脑。孩子仿佛天生会数数一样，很多孩子一两岁时就有过从1数到50，甚至数到100的这种"表演"经历。但必须直言不讳地说，太小的孩子这样连续直线数数，说明他们的语言能力很强，这是一种语言能力，并不代表数学能力很强。这是为什么呢？

第4章数字1～10也讲到，孩子会数数却不知道一些大数字的数和量的对应关系；孩子靠记忆去机械地数数，而不是建立在十进制的基础上去数数。这样数数，孩子觉得好玩，以为是游戏，却也没有太大的坏处。

算术就是数数和口诀吗？不仅仅如此。

现在很多小学入学有要求，需要掌握1～20以内的加减法。要算加减法，前提是要会数数，还要知道数与量的对应关系，最后要懂数位。

数数怎么教合适？先得累积一定的生活经验。

最经典的就是和孩子一起数楼梯了，上一级数一下。同样可以去公园池塘里数金鱼，在小区里数房子、树，在家里数房间、人、衣服、碗、筷子，甚至电视换频道也可以边换边数。总之，在不同的生活场景下让孩子保持练习，数不同的物品，数得越多越准确，越有助于加深印象和培养信心。通过实物累加数数，就是在习得加法最原始的做法，这样下去，连续数数就不难了，加法不用怎么教，孩子自然就会了。

连续数数这一章里的倍数珠、赛根板、百数板和串珠棚，能帮助孩子理解直线数、跳数和大数字数数。要一个个地数，从1数到100，500，甚至到1000这样的大数，通过点着串珠数数，可以发现数字之间的内在规律，教具则是为此而设计。连续数数看上去很简单，但其实非常重要。

通过数数，孩子就会更好地理解什么是一个千和一个百。也就是通过一个个地数，从1数到1000，把数字的正确读法和顺序梳理一遍。例如，5个百，4个千，之所以说5个百，而不是500，其实是在帮助孩子理解数与量的对应，等孩子有了很好的基础，他们就需要知道数字的正确叫法和数字的顺序。

这一章的目的是帮助孩子学习和理解数数的内涵，通过十几板、几十板、百数板、百珠链等操作教具来数数，加深对数字的深层次含义和数字之间关系的理解，促使孩子重复地进行练习，激发他们探寻数字规律和奥秘的兴趣。

连续数数分两组：一组是连数，涉及的教具有赛根板、百数板、百珠链和千珠链等；另一组是跳数，涉及的教具有短串珠、长串珠和倍数串珠等。

在后面的十进制和四则运算的章节中，我们还会继续接触大量的数字。有介绍金色串珠的一、十、百、千，对于百和千，我们可以直接告诉孩子，这就是一个百，这就是一个千，让他们记住百和千这样的整体概念。而且我们没有一个个去掰开片和立方体来数，而是用低一位的串珠来比划着数，目的是呈现十进制的特点。

注意：这一章的连续数数与后两章的十进制和四则运算可以在同一时间段进行，没有明显的先后顺序。

5.1 赛根板十几板

教具构成

一个木制长方形盒，内含两块木板。每块木板各分五格，每一格上印有数字10，如图5.1所示。另有印有数字1～9的九块木板和一套彩色串珠一～九、若干串金色串珠十。

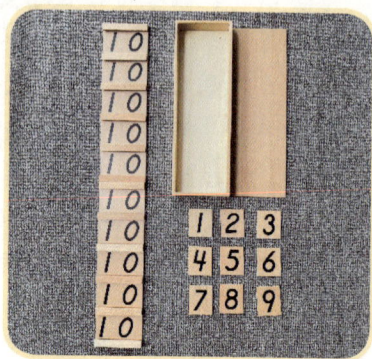

图5.1 赛根板十几板

教具目的

1 认识数字符号11～19。

2 正确进行11～19数与量的一一对应。

3 掌握数字11～19的连续数数和排列顺序。

示范操作

1 取来十几板教具和工作毯，打开盒盖，介绍教具名称。

2 复习彩色串珠1～10，再对应地复习木板数字1～10，确保孩子对1～10的每一个数字的数与量都能理解。

3 看十几板的两块木板，把木板上下连接，摆放在工作毯上。

4 上面全部都印着数字10，从第一格的10开始，左边摆放一个金色串珠十，和木板上的10对应。

5 在金色串珠十的旁边加上1个红色串珠，把串珠一颗颗地数一遍，发现有11颗。

⑥ 在第一格个位上插入一块木板数字1，第一格变为了数字11，读作十一。

⑦ 在第二格左边空处，摆放一个金色串珠十和一个绿色串珠二，从1开始数，看看一共有多少颗珠子，数完发现是12颗。

⑧ 在第二格个位上插入一块木板数字2，第二格变为了数字12，读作十二。

⑨ 用同样的方法，先摆1个金色串珠十和1个粉色串珠三，数一遍，数完发现是13颗珠子。

⑩ 在第三格个位上插入一块木板数字3，第三格变为了数字13，读作十三。如图5.2所示。

图5.2 数字11～13的数与量对应

⑪ 以此类推，先摆串珠，点数后，再根据具体的量，插入对应的数字符号，直到插完十几板的数字19。如图5.3所示。

⑫ 到后面熟悉了流程，不再需要一个个地数金色串珠，直接数10，接着数后面的彩色珠子。

⑬ 全部完成后，可以读一遍十几板的数字11～19。

⑭ 最后收回教具和工作毯。

图5.3 数字11～19的数与量对应

练习和拓展

1 根据示范，邀请孩子尝试独立操作。

2 任意摆出一个11～19的串珠，邀请孩子插入数字板到十几板来对应串珠。

参考年龄

4.5～6岁。

特别说明

1 赛根板这个教具可以用自制数字纸片代替。

2 在生活中引导孩子学习数字11～19，孩子多数看到的是零散的量，没有整体的概念。而十几板的作用在于，表示数字十几的量时，用到了金色串珠的十位珠。这对孩子来说是一个很大的转变和进步，也是认识十进制、站在十进制的高度来理解数字11～19的基础。

5.2 赛根板几十板

教具构成

一个木制长方形盒，内含两块木板，每块木板各分五格，每格上分别印有数字10，20，30，40，50，60，70，80和90；以及印有数字1～9的九块木板，若干金色串珠个位珠和金色串珠十位珠。如图5.4所示。

教具目的

1 认识数字符号10~99。

2 正确操作10~99数与量的一一对应。

3 掌握数字10~99的连续数数和排列顺序。

4 理解数位以及逢十进一。

示范操作

1 取来几十板教具和工作毯，打开盒盖，介绍教具名称。

图5.4 赛根板几十板与串珠

2 回顾金色串珠一和金色串珠十，以及几十板上面的数字10~90，都需要很熟练地认出来。

3 看第一格10~19。先摆一个10，和第一格的数字10对应。

4 在一个10的旁边加一个1，有11颗珠子，在第一格个位插入数字板1，变为数字11，和珠子对应，用同样的方式，一直放到数字19。

5 旁边19颗珠子，再加上1颗，就是20颗，把十个1换成一个10，就有了两个10。如图5.5所示。

6 将上面的两个10挪到第二排，刚好对应几十板第二排的数字20，读作二十。

7 在两个10的基础上，增加一个1，有21颗珠子，对

图5.5 数字19再加上一个1就是20

应数字21，所以在几十板第二排插入数字1，变为了数字21，读作二十一。如图5.6所示。

⑧ 以同样的方式，一直放到数字29，提问孩子，再增加一颗珠子，会变成多少。

图5.6 插入数字21的个位1

⑨ 再增加一个1，也就是一颗珠子，会变成三个10，也就是30，读作三十。

⑩ 一直继续每次增加一个1，直到40，50，60，70，80，90。

⑪ 每当逢十进一的时候，需要教孩子正确地读数字，一直示范到数字99。

⑫ 最后再回顾一遍所学的几十板的数字10～99，完成后收回教具和工作毯。

练习和拓展

① 根据示范，邀请孩子尝试独立操作。

② 任意摆出一个10～99的串珠，邀请孩子插入数字板到几十板来对应串珠。

参考年龄

4.5～6.5岁。

特别说明

1 数字10~99的实物在生活中不易被找到并拿出来操作，几十板和串珠可以帮忙解决这一问题。

2 这里只用金色串珠来表示量，不再使用彩色串珠，从彩色到纯色，没有了颜色的区分，对孩子来说也是一次认知升级。

3 用十位珠（即一串珠子）作为一个整体来代替10颗独立的珠子，是很大的进步和转变，也是难度之所在。待孩子准备好了再操作，就可以很容易地理解。

5.3 百数板

教具构成

一块正方形木板，上面有100个正方形小格子，对应印有数字1~100的100块正方形小木块。一块印有1~100数字的错误控制板和小方格。如图5.7所示。

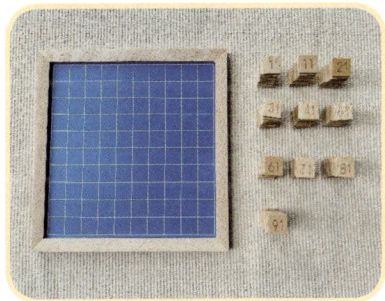

图5.7 百数板

教具目的

1 对数字符号1~100的一一呈现。

2 锻炼百以内的连续正数和倒数的能力。

3 探索百以内数字之间的关系和规律。

学龄前儿童数学启蒙实战

1 取来教具百数板，介绍教具名称，准备做百数板的数数练习。

2 先把印有数字1~100的小木片分类整理，1~10为一组，11~20，21~30，31~40，41~50，51~60，61~70，71~80，81~90，91~100分别为一组，按顺序叠起来，并依次摆在桌上。

3 把空白格子的百数板木板放在桌子中间位置，错误控制板摆在空白板左侧，取来第一组1~10的数字小木片。

4 从第一行第一格起，对照错误控制板，放下第一个印有数字1的小木片，再对着错误控制板，放下数字2的小木片，按顺序直到放完第一行。如图5.8所示。

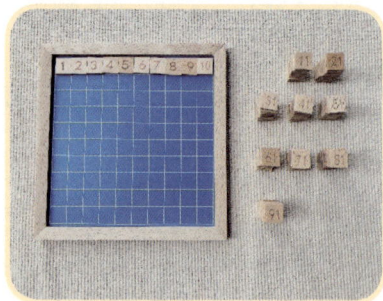

图5.8 摆入数字1~10

5 接着放第二行，拿取第二组的数字小木片11~20，对照错误控制板第一格放11，第二格放12，第三格放13，直到放完20。

6 用同样的方式，放完剩下的所有数字小木片。如图5.9所示。

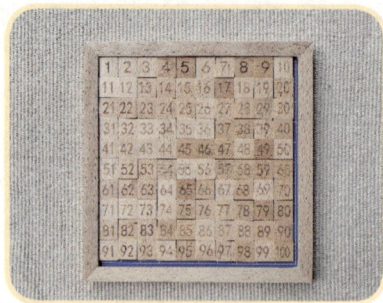

图5.9 百数板中摆入所有数字

7 对照着错误控制板，查看空白板的摆放有无错误，进行检验。

8 确认无误后收回教具和工作毯。

练习和拓展

① 根据示范，邀请孩子尝试独立操作。

② 按倒序方式从100～1排列。

③ 按偶数或者奇数排列。

④ 按跳数或倍数的方式排列。例如：3，6，9，12这种3的倍数；5，10，15，20这种5的倍数。

⑤ 进行任意一列或一行，以及对角线的排列。例如，最后一列个位全是0，十位上的数每一行相差1且递增。

⑥ 进行任意数字在空白板上的定位排列。例如，数字20的位置在第二排最后一个。

⑦ 找数字之间的规律。例如，找与某一数字相邻的数，数字55的上面是45，下面是65，左边是54，右边是56。

参考年龄

4.5～6.5岁。

特别说明

① 百数板教具有非常多的玩法操作和拓展，包括数与量的对应、大小排序、找规律、做运算等，可以进行多方位的探索，但前提是对百数板里面的数字1～100十分熟悉。

② 对于数字1～100的熟练掌握，平时也可融入一些小游戏。例如，在空白板上摆满所有数字，再取走其中的几个，邀请孩子说出取走的数字是哪些等，以此来增强趣味性。

5.4 百珠链连续数

教具构成

由十个金色串珠十连接而成的一条珠链、一个平方片"100"、一个数字标签盒（内含个位绿色的1~9，蓝色整十的10~90，红色的100）、数数片一个。如图5.10所示。

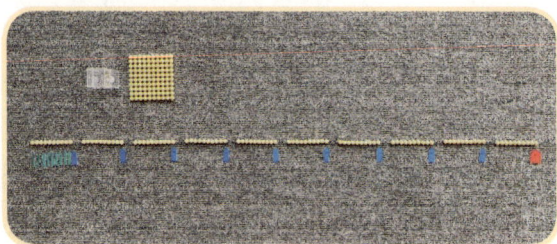

图5.10 百珠链

教具目的

1 锻炼连续直线数数1~100的能力。

2 用一个个的1和一个个的10来感受百的组成。

3 初步感知10的平方。

示范操作

1 取来百珠链和工作毯，把百珠链平放在工作毯上，准备开始百珠链的数数练习。

2 先取出10的小盒子标签，整理标签，个位的归到一起排列好，十位的归到一起排列好，最后排百位的。如图5.11所示。

③ 百珠链工作，就是从1开始连续数数，一个个地数到100。

④ 把百珠链拉开，摆成直线，再每10个一折，全部折叠起来，形成一个平方片"100"的样子，把平方片"100"放在折好的百珠链上面，通过观察发现，它们两个是一样的。如图5.12所示。

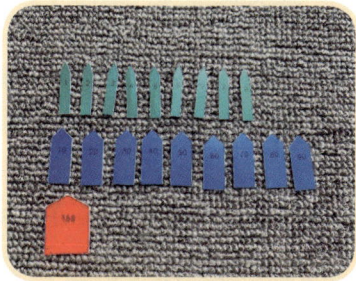

图5.11 百珠链的标签

⑤ 再把百珠链拉成直线，从1开始数，数1后找到对应1的标签，放在第一颗珠子的下面。

⑥ 接着数2，找到对应2的标签，放在第二颗珠子的下

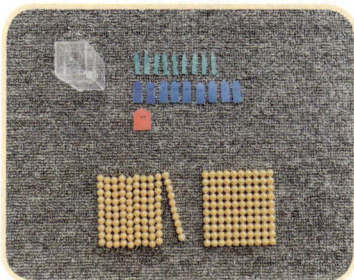

图5.12 百珠链折叠和平方片"100"是一样的

面，一直数到10，找到蓝色的10的标签，放在下面。

⑦ 从11开始，没有标签，接着数12，13，直到20，可以找到对应的标签20，放在第二十颗珠子下面。

⑧ 接着数，数到30，有一个对应的标签30；数到40，有一个对应的标签40。

⑨ 以同样的方式一直数到100的时候，对应的是100的标签，是红色的，也是最宽的一张。

⑩ 结束数数后，对着标签，数一遍标签上的数，1，2，3，4，5，6，7，8，9，10，20，30，40，50，60，70，80，90，100。

⑪ 完成后收回教具和工作毯。

练习和拓展

1 根据示范，邀请孩子尝试独立操作。

2 根据标签练习100以内的倒数。

3 根据标签练习跳数，十个十个地数。

4 用百珠链自由建构图形。

参考年龄

4.5～6.5岁。

特别说明

1 百珠链是10颗珠子为一组、共十组的短串珠，是串珠里面特别经典的教具之一，一般要有赛根板和百数板的操作经验。它的错误控制是标签和平方片。

2 点数时，正确地使用数数片，一个一个地数。

3 标签分为大盒和小盒。小盒的是用来数短串珠的，大盒的是用来数长串珠的。拿取标签要分清楚。

4 另外，标签还有颜色和宽窄的区分。绿色、蓝色、红色和绿色分别对应个位、十位、百位和千位；有些宽，有些窄，最窄的是个位数的，稍微宽点的是平方数，最宽的是立方数。这个不用给孩子介绍，只需要带着孩子操作，学前阶段，只需要感官层面的接触即可。

5.5 千珠链连续数

教具构成

由100个金色串珠十连接而成的一条珠链。10个平方片"100"，1个立方体"1000"。1个数字标签盒（内含：绿色的个位1~9，蓝色的整十10~90，红色的整百100~900，绿色的1000）、数数片一个。

教具目的

1 锻炼连续数数1~1000的能力。

2 用一个个的1、一个个的10、一个个的100来感受千的组成。

3 初步感知10的立方。

示范操作

1 取来千珠链和工作毯，把千珠链平放在工作毯上，准备开始千珠链的数数练习。

2 先取出10的大盒子的标签，整理标签，个位的归到一起排列好，十位的归到一起排列好，百位的归到一起排列好，最后排千位的。如图5.13所示。

3 从1开始连续数数，用数数片点数，一个个地数到1000。

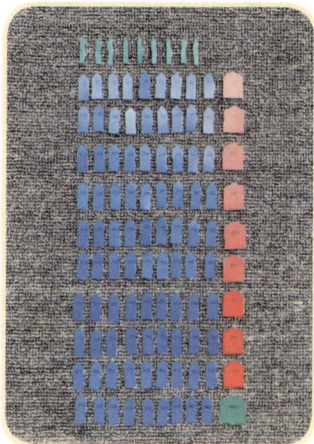

图5.13 千珠链的标签

4 把千串珠拉开，摊成直线，再每10个一折，全部折叠起来，形成一个平方片"100"，可以折出10个，拿10个平方片"100"放在折好的百珠链上面，观察发现，折出来的和平方片都是一样的。如图5.14所示。

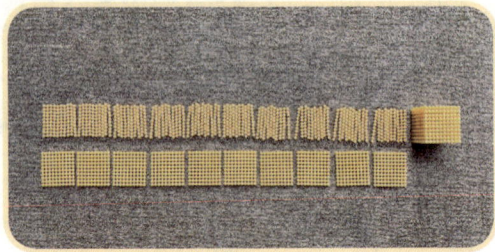

图5.14 千珠链折叠和平方片、立方体对比

5 把10个平方片"100"上下对齐叠好，拿1个立方体"1000"来做比较，观察发现，它们两个也是一样的，所以可以推出千珠链和1个立方体"1000"是一样的。

6 再把千珠链拉成直线，从1开始数，数1后找到对应1的标签，放在第一颗珠子的下面。

7 接着数2，找到对应2的标签，放在第二颗珠子的下面，一直数到10，找到蓝色的10的标签，放在下面。

8 从11开始，没有标签，接着数12，13，直到20，可以找到对应的标签20，放在第二十颗珠子的下面。

9 接着数，数到30，有一个对应的标签30；数到40，有一个对应的标签40。

10 用同样的方式一直数到100的时候，对应的是100的标签（红色的）。对应的标签是1，2，3，4，5，6，7，8，9，10，20，30，40，50，60，70，80，90，100。

11 接着从101一直数到199，中间都没有标签，数到200

时，有对应的标签200。

⑫ 再往后，不再一个一个地数，而是十个十个地数，一直数到300，有一个对应的标签300。

⑬ 接着数400，500，600，700，800，900，都有红色的标签对应，一直数到1000，有一个绿色的标签1000，它也是最宽的标签，代表立方。

⑭ 结束数数后，顺着所有的标签从头到尾数一遍。

⑮ 完成后收回教具和工作毯。

练习和拓展

❶ 根据示范，邀请孩子尝试独立操作。

❷ 根据标签练习1000以内的倒数。

❸ 根据标签练习跳数，如十个十个地数、一百个一百个地数。

参考年龄

5～6.5岁。

特别说明

❶ 千珠链是串珠里面特别经典的教具之一。一般要有熟练的操作基础，才会被介绍来做这项工作。它的错误控制是标签和立方体。

❷ 数千珠链是一件特别有趣的事儿，通常数的过程就会震撼到孩子，原来一千有这么长、这么多，是一个这么大的数，同时这个练习也要耗费很多的时间，占据很大的空间，介绍给孩子时，要考虑孩子的知识储备和接受能力。

5.6 短串珠跳数

教具构成

数字1～10的短串珠和短串珠对应的标签、数字1～10的平方片、数数片一个。

教具目的

① 理解跳数的含义。

② 初步体验数字1～10的倍数和二次方，为理解乘法和平方做间接预备。

③ 体验跳数的数字之间的关系。

④ 探索算术和几何的关系。

示范操作

① 取来短串珠教具和工作毯，把短串珠平放在工作毯上，准备开始短串珠的数数工作。

② 先取一串数字5的短串珠、对应的平方片和小标签盒，将短串珠拉直摆放。

③ 把数字5的平方片拿过来，摆在折好的短串珠上面，经对比发现它们两个是一样的。

④ 把数字5的短串珠拉开成一条直线，把平方片放在左上方。

⑤ 打开小标签盒盒盖，倒出所有的5的标签，整理标签，个位的归到一起排列好，十位的归到一起排列好。

⑥ 短串珠的工作，就是从1开始连续数数，用数数片点

数，一个一个地数到最后一颗珠子。

⑦ 从1开始数，数1后找到对应1的标签，放在第一颗珠子的下面。

⑧ 数2，找到对应2的标签放在第二颗珠子的下面，一直数到5，找到宽一点的5的标签放在下面。

⑨ 数6，7，8，9，都没有标签，数到10，找到10的标签。

⑩ 数11，12，13，14，15，找到15的标签，对应地摆在第15颗珠子下面。

⑪ 数到20和25的时候，分别有对应的标签，25的标签最宽，代表5的平方。如图5.15所示。

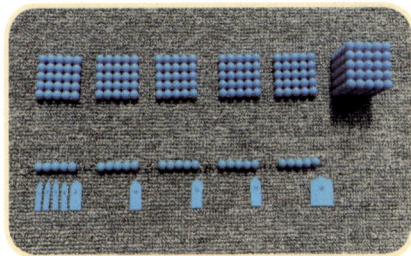

图5.15 数字5的短串珠跳数

⑫ 全部数完后，按标签从前到后的顺序，数一遍标签上的数字。

⑬ 完成后，尝试其他数字的短串珠数数，再收回教具和工作毯。

练习和拓展

① 根据示范，邀请孩子尝试独立操作。

② 练习数字1~10的所有短串珠数数。

③ 根据标签练习数字1~10的短串珠跳数。

④ 练习短串珠和标签的正数和倒数。

⑤ 用短串珠折叠建构多边形，探索算术和几何的关系。

⑥ 观察数字1~10的所有平方片，建构金字塔图形。

参考年龄

5～6.5岁。

特别说明

① 前面介绍过百珠链其实是短串珠的跳数，千珠链对应的是长串珠的跳数。不同的是，前面都是十个十个地数，现在我们会接触到比如7的跳数，就是七个七个地数，先是7，再是14，再是21等。

② 跳数工作还有很多延伸的练习，通过对一串串珠的折叠，与平方片对比，非常直观地呈现了数字之间的规律，对于后续理解乘法和平方有很多益处，但考虑到孩子的接受能力，一次练习不超过3个短串珠。

③ 每次摆好标签后，可以不做任何提示，引导孩子多观察数字规律。

5.7 长串珠跳数

教具构成

数字1～10的长串珠和长串珠对应的标签、数字1～10的平方片若干个、一个立方体、一个数数片。

教具目的

① 理解跳数的含义。

② 初步体验数字1～10的倍数、二次方和幂，为乘法、平

方和立方做间接预备。

3 体验跳数的数字之间的关系。

4 探索算术和几何的关系。

1 取来长串珠教具和工作毯，把长串珠平放在工作毯上，准备开始长串珠的数数工作。

2 先取一串数字4的长串珠、对应的平方片、立方体和大标签盒，并举例示范，将长串珠拉直摆放。

3 观察数字4的长串珠，将它对齐折叠成平方片的形状，一共可以折叠出4个。

4 取来4个数字4的平方片拿过来，叠在折好的短串珠上面，经对比发现它们都是一样的。

5 取来数字4的立方体，把4个平方片上下对齐叠放好，与立方体对比，发现它们两个是一样的。如图5.16所示。

图5.16 数字4的长串珠折叠与平方片和立方体对比

6 再次把数字4的长串珠拉开成一条直线，把平方片和立方体摆放在左上方。

7 打开大标签盒盒盖，倒出所有的数字4的标签，整理标签，个位的归到一起排列好，十位的归到一起排列好。

8 长串珠的工作，就是从1开始连续数数，用数数片点数，一个一个地数到最后一颗珠子。

9 从1开始数，数1后找到对应1的标签，放在第一颗珠子的下面。

⑩ 接着数2，找到2的标签放在第二颗珠子的下面，一直数到4，找到宽一点的4的标签放在第四颗珠子的下面。

⑪ 接着数5，6，7，都没有标签，数到8，找到8的标签。

⑫ 再数9，10，11，12，找到12的标签，对应地摆在第十二颗珠子下面。

⑬ 后面数到16，20，24，28，32，36，40，44，48，52，56，60和64的时候，分别有对应的标签，64的标签最宽，代表4的立方，同时在16，32，48上方分别放一个平方片，在64上方放一个立方体。如图5.17所示。

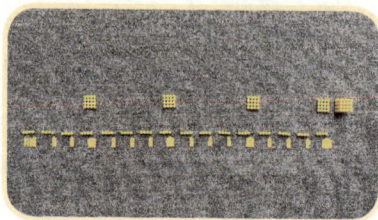

图5.17 数字4的长串珠跳数

⑭ 全部数完后，观察所有标签的特点，有颜色和宽窄的区别，按标签从前到后的顺序，数一遍标签上的数字。如图5.18所示。

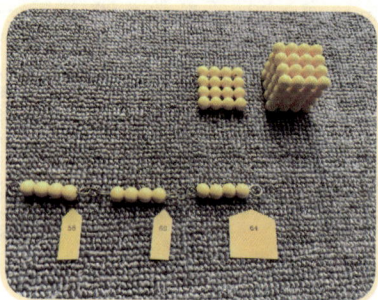

图5.18 数字4的长串珠标签

⑮ 完成后，尝试其他数字的长串珠数数，再收回教具和工作毯。

练习和拓展

❶ 根据示范，邀请孩子尝试独立操作。

② 练习数字1～10的所有长串珠数数。

③ 根据标签练习数字1～10的长串珠跳数。

④ 练习长串珠和标签的正数和倒数。

⑤ 对比短串珠和长串珠。

⑥ 对比长串珠和平方片。

⑦ 对比长串珠、平方片和立方体。

参考年龄

5～6.5岁。

特别说明

① 观察长串珠的标签非常有意思，有的是乘法，有的是平方数，有的是立方数，孩子的数感就是在此基础上培养生成的。数学是一门很注重思考过程的学科，孩子在观察和练习过程中，有可能找到不止一个规律。

② 其实数字1～10的长串珠、短串珠、平方片、立方体和标签是一整套学龄前阶段最核心的教具，也叫串珠棚或者立方珠链。它们可以让孩子综合感知十进制、数字关系，以及算术和几何之间的联系等。

第6章
十进制

　　十进制是计数和四则运算的基础，也是数学启蒙的重难点之一。通常十进制的进位、数位和数值这些概念，对于刚刚接触数学的孩子来说，理解起来是比较困难的，因为它们比较抽象。可以说，很多孩子都会在理解"十进制"上面卡壳，即使数数都数到几百上千了，也不见得真正理解和掌握了十进制。

　　那我们如何判断孩子是否理解了十进制呢？有一个小方法可以用来检验。

　　例如，看孩子是否知道数字16的构成。数字16是由一个10和六个1构成，而不是一个1和一个6构成；再如，数字123，是由一个100、两个10和三个1构成，而不是一个1、一个2和一个3构成。如果孩子可以正确说出数字的构成，那么可以认为孩子初步理解了十进制。如果说不出来，可以把如上例子给孩子讲解一遍，若他们还是不能理解，也很正常。有时大人觉得这太简单了，理所当然的东西孩子怎么就是不会呢？数数都可以数到几百上千了，还不能理解十进制吗？

这里通常有个小误区。会数数不代表真正理解了数字符号的意义，即数所对应的量是多少。会从1数到50，数到100，孩子就真的理解了50和100究竟是多少量了吗？大部分情况下，孩子只是机械地数数，并没有理解每个数字符号对应的量。如果是数字1～10还好，掰掰手指总能明白。数字一旦变大，数与量都没见识过，只听说过，这样理解起来就比较费劲，而十进制正是在理解了数与量对应的基础上进行的。于是有些家长开始焦虑，有的家长甚至认为孩子学数学没有天赋等。其实客观来说，理解十进制对孩子是个不小的挑战，因为孩子的抽象思维能力还没有发展到可以迅速接受这样的知识点，因此，家长首先要调整好心态。

这个时候，家长的启蒙方法就显得很重要，用对了方法就可以帮助孩子正确理解十进制，一旦用了错误的认数方法，或者靠先记忆后理解的做法，就会使理解难度加大，于是就到考验家长水平的时候了。

家长千万别一开始就讲概念，即使孩子不反感也肯定会犯晕。孩子的认知是从实体感官开始的，他们喜欢感知自己看得见、摸得着的实物，除了视觉，还有触觉和肌肉感可以帮助他们牢牢记住。正如蒙台梭利博士所言："我听过了，我就忘记了；我看见了，我就记住了；我做过了，我就理解了。"

　　数学是一门抽象的学科，同时也是一门需要理解和思考的学科。如果可以通过实物展示的方法来帮助孩子理解抽象的概念，那是最合适的。若孩子只是勉强记忆，就不算真的懂了，能说出所以然来才是真的懂了。

　　那么，家长该如何借助教具帮助孩子看见、感知、理解又不会忘记呢？金色串珠的精巧之处就在于刚好可以满足孩子的需求。

6.1 金色串珠（量）

教具构成

个位珠，1颗珠子，代表个位的一。

十位珠，1串珠子（10颗），代表十位的十。

百位珠，1片珠子（100颗），代表百位的百。

千位珠，1块珠子（1000颗），代表千位的千。

如图6.1所示。

图6.1 金色串珠千、百、十、一

教具目的

❶ 直观感受一、十、百、千的量的大小区别。

❷ 理解十进制里的难点及数位之间的关系。

❸ 为四则运算和几何的点线面体等知识做预备。

示范操作

❶ 取来金色串珠十进位教具和工作毯。

❷ 运用三段式语言教学法，告诉孩子什么是金色串珠。

介绍前，可以问问孩子，知道100和1000的量是多少吗？让孩子搜索一下脑子里的记忆，看看有没有100和1000这样大的数的概念。对于启蒙阶段的孩子来说，基本上还只是听说过百和千，但尚未真正感受过量是怎样的。这个时候，家长拿出装有金色串珠的托盘，引导孩子感受1，10，

100，1000的量是什么样的。

③ 介绍一颗金色珠子时，数1，告诉孩子这就是1个一，很容易理解。

④ 一串珠子是10个一，挨个从第1颗数到第10颗，告诉孩子，这就是1个十。

⑤ 把100颗珠子按每串10颗一折，折10次，并排放好，形成一个珠片，是一个百位珠，就是1个百。这个百位珠片无论横着数，还是竖着数都是10个十；再拿前面介绍过的1个十位珠来做基准数一次，1个十、2个十、3个十，数到9个十、10个十，就是1个百；或者拿10个十位珠水平或垂直方向对齐叠在一起而形成的一个平方片来和百位珠比较，它也是1个百。

⑥ 有了百位珠的经验，挑战数千就有了方法。一块千位珠由1000个个位珠组成，也可以看成由10个百位珠或100个十位珠组成。由于不能把千位珠拆开一颗颗地数，可以拿前面介绍过的百位珠做基准数一次，10个百是1个千。或者拿10片百位珠对齐叠在一起而形成的一个立方体和千位珠比较，它也是1个千。如图6.2所示。

图6.2 用金色串珠百来数千

⑦ 完成后收回教具和工作毯。

练习和拓展

① 初步认识了一、十、百、千之后，需要再做些辨认练

习。指着一读作1个一，指着十读作1个十，指着百读作1个百，指着千读作1个千。

② 然后，继续玩"给我"游戏。邀请孩子在旁边，例如请"给我"1个十，让孩子拿起1个十，请"给我"1个千，让孩子拿起1个千，直到孩子可以正确地拿起一、十、百、千。

③ 最后，随意用其中的一个练习指认。例如，指着百提问孩子这是什么；再指着十提问孩子这是什么，直到孩子很熟练地区分和拿取一、十、百、千。

④ 可以启发式提问孩子，问诸如1个千里面有几个百，有几个十这样的问题，不要急于给孩子正确答案。多问问孩子为什么，让孩子拿着教具多探索。

参考年龄

4~6.5岁。

特别说明

① 金色串珠能很直观形象地展示出十进制的数位和对应的量，是经典的数学启蒙教具之一，有助于孩子在学习数与量对应的基础上感官体验数的构成，并理解数位之间的关系，为四则运算打下基础。

② 仔细观察还可以发现，金色串珠组，也就是个、十、百、千位，还蕴含了三维立体空间的点、线、面、体，面积、体积，平方、立方的诸多关系和概念。精妙的设计把数学之美展现得淋漓尽致。

③ 很多孩子看过它之后都对它充满了好奇，一下就被它吸引住，爱不释手。比起拿着粉笔在小黑板上画下来，把这

些金色串珠组放在孩子的手中，让孩子摸一摸、看一看，再摆弄摆弄，显然更具有吸引力和视觉冲击力。因为它看上去太像个好玩的新玩具，孩子感觉是在玩，而不是在学。更令人欣喜的是，它在潜移默化中将数学概念以视觉冲击的形式，植入孩子的头脑里，帮助孩子建立数学心智。至于这些抽象的概念，家长最好只字不提，因为即使说了孩子也不能理解，还容易打消孩子学习数学的兴趣。

注意

这里介绍教具时，我们没有用逐个点数的方法，而是用十进制的方式去数数，目的就是建立十进制的概念，同时它也强调了量的整体性。下一节连续数数会介绍逐个数数。

6.2 数卡（符号）

教具构成

数卡是由1～9000的大数字组成的一套卡片，包含：

个位数卡：1，2，3，4，5，6，7，8，9。

十位数卡：10，20，30，40，50，60，70，80，90。

百位数卡：100，200，300，

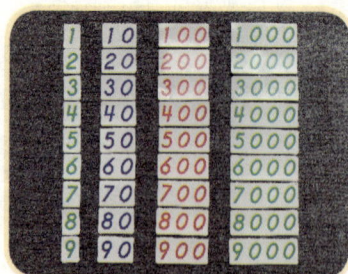

图6.3 个位、十位、百位和千位数卡

400，500，600，700，800，900。

千位数卡：1000，2000，3000，4000，5000，6000，7000，8000，9000。

如图6.3所示。

1 认识万以内的数字符号。

2 用数卡进行滑卡，来表示万以内数字。

3 通过数卡认读万以内数字。

使用三段式语言教学法，先教孩子认识数卡1，10，100和1000。

1 首先拿出四张数卡：1，10，100和1000。

2 左对齐摆放，从上至下依次摆成1000，100，10和1。如图6.4所示。

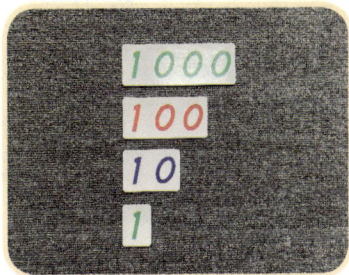

图6.4 数卡1，10，100，1000

3 指着1读作1个一，指着10读作1个十，指着100读作1个百，指着1000读作1个千。

4 要告诉孩子，个位的1只有一位数，没有0；十是两位数，且有1个0；百是三位数，且有2个0；千是四位数，且有3个0。

5 再做些辨认的练习，继续玩"给我"游戏。邀请孩子在旁边，例如请"给我"1个十，让孩子拿起1个十，提问孩子十有几个0，回答1个0；请"给我"1个千，让孩子拿起1个

千，提问孩子千有几个0，回答3个0，直到孩子可以正确地指认这4张数卡。

⑥ 指着其中任意的一个提问这是什么。例如指着百提问孩子这是什么；再指着十提问孩子这是什么，直到孩子对一、十、百、千的数卡十分熟练。

再使用三段式语言教学法，教孩子认识剩余的数卡。

① 先从个位数开始，把所有个位数数卡按顺序拿在左手手中，抽一张数一次，从1到10，抽1的时候数作1个一，摆在工作毯左上方，抽2的时候数作2个一，直到10个一数完，都按顺序摆放在一块。

② 再介绍十位数，把所有十位数数卡按顺序拿在左手手中，抽一张数一次，从10到90，抽10的时候数作1个十，摆在工作毯左下位置，抽20的时候数作2个十，直到10个十都数完，按顺序摆放在一块。

③ 接着介绍百位数，把所有的百位数数卡按顺序拿在左手手中，抽一张数一次，从100到900，抽100的时候数作1个百，摆在工作毯右上位置，抽200的时候数作2个百，直到10个百数完，按顺序摆放在一块。

④ 最后介绍千位数，把所有的千位数数卡按顺序拿在左手手中，抽一张数一次，从1000到9000，抽1000的时候数作1个千，摆在工作毯右下位置，抽2000的时候数作2个千，直到10个千数完，按顺序摆放在一块。

⑤ 完成工作后收回教具和工作毯。

练习和拓展

① 根据示范，邀请孩子独立尝试操作。

②练习数卡拿取。

先练习拿取一个数位的数卡。例如，请拿300的数卡，邀请孩子拿取。

再练习拿取两个数位、三个数位和四个数位的数卡。例如，邀请孩子拿取31（两个数位），240（两个数位），302（两个数位），256（三个数位），1043（三个数位），2345（四个数位）等。

③练习滑卡和读数。

数字卡片还有一个很重要的功能是可以组合形成新的数字。例如，数字2385，就是由一张2000、一张300、一张80和一张5这四张数字卡叠在一起而成的。如图6.5所示。

图6.5 数卡滑卡

滑卡是把卡片按从个位到千位的顺序叠起来，左对齐，一只手的拇指和中指握紧所有的数卡边缘，从上往下垂直滑动，由此组合出来的数字。

读数是教给孩子数字的正确读法。例如，组合成新的数字1234，读作一千二百三十四。注意带0的数字，也需要教读，例如2008，正确的读法是两千零八，中间两个0，只读一个即可。

参考年龄

3.5~4.5岁。

特别说明

①数卡是抽象的数字符号，和前面具体的金色串珠一、

十、百、千是对应的，所以理解起来就有了量的基础。这一节的内容十分熟练之后，在下一节会把量与符号结合起来。

② 数学启蒙的一般顺序都是先介绍具体的教具，后介绍抽象的符号，最后再把具体和抽象相结合。

6.3 银行游戏（量与符号）

教具构成

银行仓库是由一套金色串珠和数卡构成。一般包含：

① 金色串珠50个个位珠、30个十位珠、30个百位珠和9个千位珠。

② 一套1~9000的数字符号卡片。如图6.6所示。

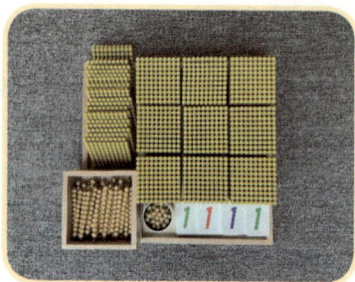

图6.6 银行仓库教具

教具目的

① 熟练掌握万以内的量与数字符号的一一对应。

② 初步理解数位、数值和十进制等概念的含义。

③ 为学习四则运算打基础。

示范操作

● **平铺银行金色串珠和数卡**

① 取来银行仓库教具和工作毯。

② 从工作毯左上角开始，放下1个一，数1个一、2个一，

从上至下垂直排列，数到第9个一的时候，说再来1个一，就是1个十。

③ 接着另起一列，放下1个十，数1个十、2个十，从上至下垂直排列，数到第9个十的时候，说再来1个十，就是1个百。

④ 再另起一列，放下1个百，数1个百、2个百，从上至下垂直排列，数到第9个百的时候，说再来1个百，就是1个千。

⑤ 另起一列把1个千放在最上面，数到第9个千的串珠都摆放完。

⑥ 然后另起一列，开始数数卡。放下1张数卡"1"，数1个一；放下1张数卡"2"，数2个一；从上至下垂直排列，数到第9个一的时候，说再来1个一，就是1个十。

⑦ 接着另起一列，放下1张数卡"10"，数1个十；放下1张数卡"20"，数2个十，从上至下垂直排列，数到第9个十的时候，说再来1个十，就是1个百。

⑧ 再另起一列，放下1张数卡"100"，数1个百；放下1张数卡"200"，数2个百，从上至下垂直排列，直到第9个百的时候，说再来1个百，就是1个千。

⑨ 另起一列把1个千的数卡放在最上面，直到第9个千的数卡都摆放完。如图6.7所示。

⑩ 完成操作后收回教具和工作毯。

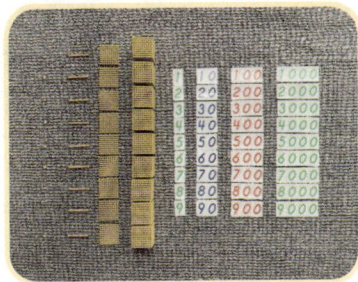

图6.7 数字1～9000量与数卡的对应

● "银行给我"游戏

① 平铺好金色串珠和数卡之后，开始进行"银行给我"游戏（拿取游戏）。

② 做1个数位的拿取。例如，请分别拿来两个"1000"的数卡和对应的量。

③ 在金色串珠和数卡中，找到并拿取一张"2000"的数卡和几个千的串珠。如图6.8所示。

④ 接着做2个数位的拿取。例如，请分别拿来9个百和4个十的数卡和对应的量。如图6.9所示。

图6.8 数字2000量与数卡的对应

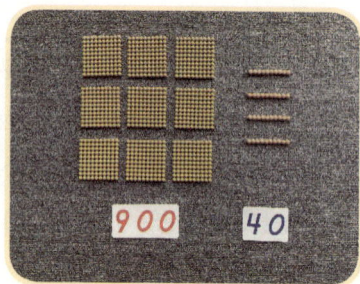

图6.9 数字940量与数卡的对应

⑤ 在金色串珠和数卡中，找到并拿取900和40的数卡各一张，以及9个百和4个十的串珠。注意两位数开始需要对数卡进行滑卡，再读出数字，这里得到940，读作九百四十。

⑥ 然后做3个数位的拿取。例如，请分别拿来2个千、1个百、8个十的数卡和对应的量。

⑦ 用同样的方法，从银行仓库中取出数卡一张2000、一张100、一张80，以及2个千、1个百和8个十的金色串珠。如图6.10所示。

⑧ 滑卡后得到2180，读作两千一百八十。如图6.11所示。最后，用同样的方法做4个数位的拿取工作。

图6.10 数字2180量与数卡的对应

图6.11 数卡滑卡后得到2180

9 完成操作后收回教具和工作毯。

练习和拓展

1 根据示范，邀请孩子独立尝试操作。

2 练习带0的数字。例如2010，3089，9980，101，2001等。需要练习掌握带0的数字的正确拿取方法和读法。

参考年龄

3.5～4.5岁。

特别说明

1 金色串珠和数卡一起使用，对万以内数字进行数与量的对应练习，且要熟练掌握，因为这是后面使用银行仓库教具做四则运算的前提和基础。银行仓库的四则运算会在下一章讲解。

2 每次拿取量或者符号都需要清点一次，确保准确无误，以便培养孩子细致、认真的做事态度，同时也能检查拿取的正确性。

3 这个游戏趣味性强，很受孩子的喜爱，它还有利于发展孩子独立、专注和精确的工作态度，多多练习，一举多得。

第7章

四则运算

　　计算能力是初等数学的一项基本能力，要想数学学得好，计算能力就要有所提高。当然，计算讲究很多技巧，不光要快，更要准确，而快和准的前提是先理解什么是十进制、数位、换位和数与量的一一对应，也就是要完全掌握四则运算的规则。

　　这一章将介绍银行仓库和邮票游戏两个教具的四则运算。

　　在第6章里笔者解释了数学里面的一个重难点——十进制，让孩子理解了加减乘除的概念、数与量的结合、数位之间的差别与联系。它与第4章数字1～10也有着紧密联系，其实平时在生活中教孩子数数和理解数与量都是四则运算的铺垫。

　　银行仓库教具主要是从感官体验入手，孩子能够真实地感受量的大小，目的是让孩子理解数字符号的意义就是它所对应的量。1颗珠子代表1个一，1串珠子代表1个十，1片珠子代表1个百，1块珠子代表1个千，清晰直观地诠释了十进制系统，金色串珠熟练了之后，孩子对数的理解就更加深刻了。银行仓库教具在此基础上增加了金色串珠的加减乘除运算。

银行仓库教具是一套为孩子量身定做的教具，用的是孩子可以理解的语言，完全不同于书本的练习题。事实上，从小学习使用这套数学教具的孩子，在幼小衔接的年纪，万以内的加减乘除运算都可以顺利地操作。

使用银行仓库教具的目标主要是以下四点：

（1）数与量的一一对应。

（2）数位之间的关系。

（3）进位和借位的含义。

（4）加减乘除的含义。

邮票游戏也是一款经典的数学教具，它的主要作用是帮助孩子从金色串珠这样的教具中慢慢把数字抽象化，进而让孩子接受并学习更加有难度和复杂的数学概念。

通过邮票游戏做加减乘除的运算，进一步巩固孩子的运算能力。另外，在做运算的时候，孩子就可以不用时时刻刻把银行仓库都搬出来了，这对于孩子是一次巨大的升级。

邮票游戏是银行仓库教具基础上的一次升级，银行仓库是实实在在的金色串珠一、十、百、千，而邮票游戏是用一样大小的数字木块抽象展现，仅把一、十、百、千做了颜色的区分。但它们的原理是一样的，都可以用来做十进制系统的加减乘除运算。

7.1 银行仓库加法

教具构成

银行仓库是由一套金色串珠和数卡构成。一般包含：

1 金色串珠50个个位珠、30个十位珠、30个百位珠和9个千位珠。

2 三套1～9000的小数字卡片、一套1～9000的大数字卡片。

3 动物玩偶若干个。

教具目的

1 掌握银行仓库的不进位和进位加法。

2 理解加法和进位的含义。

3 掌握用银行仓库做万以内加法运算的方法。

示范操作

● 不进位加法（两个两位数相加）

1 取来银行仓库教具和工作毯。

2 假设小动物玩偶狮子拿来了数卡43，斑马拿来了数卡56，准备好相应的数卡，分别摆在小动物下面。

3 分别到银行仓库取出各自对应的量43和56，摆在狮子和斑马的数卡下面。如图7.1所示。

4 让孩子把狮子和斑马

图7.1 狮子取来43，斑马取来56

从银行仓库取来的量放到一起，看看一共是多少。

⑤ 先把所有的十堆放到一起，再把所有的一放到一起。

⑥ 从个位开始点数，个位数完是9颗珠子，再到银行仓库找到对应的大数卡9；再点十位的，十位数完是9串珠子，是9个十，到银行仓库找到对应的大数卡90。

⑦ 进行滑卡得到99，读出这个数，把数卡摆在工作毯所有串珠的下面。如图7.2所示。

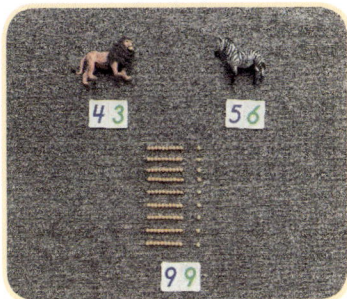

图7.2 狮子和斑马的量一共是99

⑧ 最后，做一遍回顾。狮子拿来了43，斑马拿来了56，它们两个合起来，一共是99，这就是加法。如图7.3所示。

⑨ 完成后收回教具和工作毯。

● **不进位加法（两个三位数相加）**

① 取来银行仓库教具和工作毯。

② 假设狮子拿来了数卡153，斑马拿来了数卡232，准备好相应的数卡，分别摆在小动物下面。

图7.3 数字43和56合在一起得到99

③ 分别到银行仓库取出各自对应的量153和232，摆在狮子和斑马的数卡下面。如图7.4所示。

图7.4 狮子取来153，斑马取来232

④ 让孩子把狮子和斑马从银行仓库取来的量放到一起，看看一共是多少。

⑤ 先把所有的百堆放到一起，再把所有的十和所有的一放到一起。

⑥ 从个位开始点数，个位数完是5颗珠子，再到银行仓库找到对应的大数卡5；再点十位的，十位数完是8串珠子，即8个十，到银行仓库找到对应的大数卡80；再点百位珠，数完是3片百，即3个百，到银行仓库找到对应的大数卡300。

⑦ 进行滑卡，得到385，读出这个数，把数卡摆在工作毯所有串珠的下面。如图7.5所示。

⑧ 做一遍回顾。狮子拿来了153，斑马拿来了232，它们两个合起来，一共得到385，这就是加法。如图7.6所示。

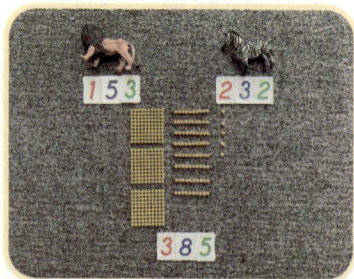

图7.5 狮子和斑马的量一共是385

图7.6 数字153和232合在一起得到385

⑨ 完成后收回教具和工作毯。

● 不进位加法（两个四位数相加）

① 取来银行仓库教具和工作毯。

② 假设狮子拿来了数字2153，斑马拿来了数字4232，准备好相应的数卡，分别摆在小动物下面。

③ 分别到银行仓库取出各自对应的量2153和4232，摆在狮子和斑马的数卡下面。如图7.7所示。

④ 让孩子把狮子和斑马从银行仓库取来的量放到一起，看看一共是多少。

⑤ 先把所有的千堆放到一起，所有的百、十和一分别放到一起。

图7.7 狮子取来2153，斑马取来4232

⑥ 从个位开始点数，个位数完是5颗珠子，再到银行仓库找到对应的大数卡5；再点十位的，十位数完是8串珠子，即8个十，到银行仓库找到对应的大数卡80；再点百位珠，数完是3片百，即3个百，到银行仓库找到对应的大数卡300；再点千位珠，数完是6块千位珠，即6个千，到银行仓库找到对应的大数卡6000。

⑦ 进行滑卡，得到6385，读出这个数，把数卡摆在工作毯所有串珠的下面。如图7.8所示。

⑧ 做一遍回顾。狮子拿来了2153，斑马拿来了4232，它们两个合起来，一共得到6385，这就是加法。如图7.9所示。

图7.8 狮子和斑马的量一共有6385

图7.9 数字2153和4232合在一起得到6385

⑨ 完成后收回教具和工作毯。

● 不进位加法（三个四位数连续相加）

① 取来银行仓库教具和工作毯。

② 假设熊猫拿来了数字 1311，狮子拿来了数字 2153，斑马拿来了数字 4232，准备好相应的数卡，分别摆在小动物右面。

③ 分别到银行仓库取出各自对应的量1311，2153和4232，摆在熊猫、狮子和斑马的数卡下面。如图7.10所示。

图7.10 熊猫、狮子和斑马分别取来 1311，2153和4232

④ 让孩子把熊猫、狮子和斑马从银行仓库取来的量放到一起，看看一共是多少。

⑤ 先把所有的千堆放到一起，再把所有的百、十和一分别放到一起。

⑥ 从个位开始点数，个位数完是6颗珠子，再到银行仓库找到对应的大数卡6；再点十位的，十位数完是9串珠子，即9个十，到银行仓库找到对应的大数卡90；再点百位珠，数完是6片百，即6个百，到银行仓库找到对应的大数卡600；再点千位珠，数完是7块千位珠，即7个千，到银行仓库找到对应的大数卡7000。

⑦ 进行滑卡，得到7696，读出这个数，把数卡摆在工作毯所有串珠的下面即可。如图7.11所示。

⑧ 最后，做一遍回顾。熊猫拿来了1311，狮子拿来了2153，斑马拿来了4232，它们三个合起来，一共得到7696，这就是加法。如图7.12所示。

图7.11 熊猫、狮子和斑马的量一共是7696

图7.12 数字1311，2153和4232合在一起得到7696

9 完成后收回教具和工作毯。

● 换位练习

在示范进位加法之前，要先做换位游戏。

十进制的难点在于换位，换位就是加法和乘法里的进位、减法和除法里的退位。

1 取来银行仓库教具和工作毯，准备开始换位游戏。

2 例如，拿取银行串珠：3个千，21个百，25个十，31个一。如图7.13所示。

3 从低位的个位开始数数，每数到10，就到银行仓库换取高一位的1。如图7.14所示。

图7.13 3个千，21个百，25个十，31个一

图7.14 10个一可换取1个十

首先来看31个一。每数10个一，收回银行，换1个十过来，30个一换三次，得到3个十，于是31个一换完后，变成了3个十和剩下的1个一。

再看拿来的25个十。每数10个十，收回银行，换1个百过来，20个十去换两次，得到2个百，于是25个十换完后，变成了2个百和剩下的5个十。

接着看拿来的21个百。每数10个百，收回银行，换1个千过来，20个百换两次，得到2个千，于是21个百换完后，变成了2个千和剩下的1个百。

再看拿来的3个千。因没有达到10个，不需要换取。

4 将换完后的量进行分类整理和摆放，清点后得到5个千、3个百、8个十、1个一，也就是5381，读作五千三百八十一。如图7.15所示。

5 换位结束，收回银行仓库和工作毯。

图7.15 5个千、3个百、8个十、1个一

● 进位加法（三个四位数相加）

进位加法难点在进位，换位游戏越熟练越好。

1 取来银行仓库教具和工作毯，准备开始进位加法游戏。

2 假设有三只动物熊猫、狮子和斑马，分别拿来一些量，摆在一起得到了多少。

3 熊猫拿来了小数卡3241，狮子拿来了小数卡2552，斑马拿来了小数卡1634。

4 熊猫到银行仓库取来相应的量3个千、2个百、4个十、1个一；狮子到银行仓库拿来了相应的量2个千、5个百、5个十、2个一；斑马到银行仓库拿来了相应的量1个千、6个百、3个十、4个一。如图7.16所示。

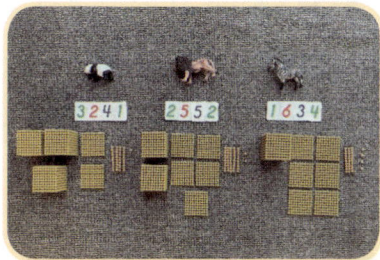

图7.16 熊猫、狮子和斑马分别拿来3241，2552和1634

5 把熊猫、狮子和斑马拿来的数卡和量，依次排列摆好。

6 把熊猫、狮子和斑马拿来的量，按位数规整到一起。如图7.17所示。

图7.17 把熊猫、狮子和斑马的量合在一起

7 从低位到高位开始相加。

个位珠7个，不需要进位。

十位珠，有12个十，需要进位，换取1个百，剩下2个十。

百位珠，有13个百，加上进位来的1个百，共有14个百，需要进位，换取1个千，剩下4个百。

千位珠，有6个千，加上进位来的1个千，一共得到7个千。

8 规整完成后，得到量7427，到大数卡里拿来相应的数卡，进行滑卡，得到7427，读作七千四百二十七。如图7.18所示。

⑨ 把前面最开始的数卡拿来，垂直排列摆好。跟孩子一起回顾一遍，熊猫拿来了3241，狮子拿来了2552，斑马拿来了1634，最后一共得到了7427。如图7.19所示。

图7.18 整理熊猫、狮子和斑马的量得到7427

图7.19 3241，2552和1634合在一起得到7427

⑩ 完成后，收回教具和工作毯。

练习和拓展

① 根据示范，邀请孩子尝试独立操作。

② 练习不同位数的数字相加。例如350+21。

③ 带0的数字的加法。例如1033+905。

参考年龄

4.5～6.5岁。

特别说明

① 银行仓库教具是最具体直观的教具之一，在引入加法的时候，不需要介绍和解释加法的概念，中间也不使用"相加""等于"这样的数学语言，只是通过练习对量的拿取的过程，使用"合在一起""一共得到"这样简单易懂的

话语，自然而然地演绎出加法的全过程，这就是先弄清楚加法的本质含义，最后提一句"这就是加法"即可。

②另外，孩子在操作过程中很有可能会数错或拿错，先不要忙着纠正，看看孩子自己是否可以察觉或发现错误，若孩子没有发现错误，可以让孩子拿取完做一次检查，这也是由这个阶段孩子的特殊性决定的，经过反复操作才会越来越熟练，正确率才会越来越高。

③孩子需要经过大量的不进位和换位游戏练习之后，逐渐掌握十进制，真正把进位和借位弄明白，才能熟练进行四则运算。

④在实践中，会出现有些孩子对20以内的加减法还不够熟练，但是对于大数字的加减法却可以熟练操作的情况，这并不冲突。对于20以内的加减法笔算和口算，在后面记忆数学那一节还有对应的教具的抽象化练习，银行仓库操作阶段还不要求笔算和口算，它是对概念的具体呈现形式，是抽象化的预备。

7.2 银行仓库减法

教具构成

银行仓库是由一套金色串珠和数卡构成。一般包含：

①金色串珠50个个位珠、30个十位珠、30个百位珠和9个千位珠。

②三套1～9000的小数字卡片、一套1～9000的大数字卡片。

3 动物玩偶若干个。

教具目的

1 掌握银行仓库的不借位和借位减法。

2 理解减法和退位的含义。

3 掌握用银行仓库做万以内减法运算的方法。

示范操作

● 不借位减法(两个四位数)

引入减法可以介绍说:从一个大的数里,拿走一些,还剩下一些,这就是减法。

1 取来银行仓库教具和工作毯,准备开始减法游戏。

2 假设小动物狮子从银行仓库取了一个大数卡9464,同时取来了对应的串珠9个千、4个百、6个十、4个一。

3 这时,小动物斑马准备从狮子的大数9464里取走3153。

4 斑马把3153的小数卡从银行仓库拿来,也就是一张3000、一张100、一张50、一张3,滑卡得到3153。如图7.20所示。

图7.20 斑马准备从狮子的大数9464里取走3153

5 要从9464里取走3153,也就是从串珠9个千、4个百、6个十、4个一中拿走3个千,1个百,5个十,3个一。

6 从个位开始取,4个一取走3个一;十位的6个十取走5个十;百位的4个百取走1个百;千位的9个千取走3个千。

7️⃣ 取完之后，核对一遍是否取走了和数卡对应的量。如图7.21所示。

8️⃣ 清点还剩下的一些量，清点完，剩下的量是6个千、3个百、1个十、1个一。

9️⃣ 到银行仓库中取对应的小数卡，一张6000、一张300、一张10、一张1，滑卡得到6311，读作六千三百一十一。如图7.22所示。

🔟 再把数卡按竖式摆放在工作毯上，跟孩子一起回顾一遍整个减法：从一个大数9464里拿走一些量3153，还剩下一些量6311，这就是减法。如图7.23所示。

⑪ 结束不借位减法，收回教具和工作毯。

● 借位减法（两个四位数）

1️⃣ 取来银行仓库教具和工作毯，准备开始借位减法。

图7.21 从9464里取走3153

图7.22 从9464里取走3153还剩6311

图7.23 从一个大数9464里，拿走3153，还剩6311

2️⃣ 假设小动物狮子从银行仓库取了一个大数卡6467，同时取来了对应的串珠6个千、4个百、6个十、7个一。

3️⃣ 这时，小动物斑马准备从狮子的大数6467里取走3574。

4️⃣ 斑马把3574的小数卡从银行仓库拿来，也就是一张3000

、一张500、一张70、一张4，滑卡得到3574。

⑤ 要从6467里取走3574，也就是从串珠6个千、4个百、6个十、7个一中拿走3个千、5个百、7个十、4个一。如图7.24所示。

图7.24 斑马准备从狮子的大数6467里取走3574

⑥ 从个位开始取，7个一取走4个一，还剩3个一。

⑦ 十位的6个十取走7个十，不够取，需要向高一位的百位借1，百位是4个百，借1个百换成低一位的10个十，借位之后变为16个十、3个百。

⑧ 十位的16个十，取走7个十，还剩9个十。

⑨ 百位现在是3个百，要取走5个百，不够取，需要向高一位的千去借1，千位是6个千，借位之后变为13个百、5个千。

⑩ 百位的13个百，取走5个百，还剩8个百。

⑪ 千位的5个千，要取走3个千，还剩下2个千。

⑫ 整理取走的，核对一遍是否取走了和数卡对应的量，清点剩下的是2个千、8个百、9个十、3个一。

⑬ 从银行仓库中取对应的小数卡，一张2000、一张800、一张90、一张3，滑卡得到2893，读作两千八百九十三。如图7.25所示。

⑭ 把数卡按竖式摆放在工作毯上，跟孩子一起再回顾一遍整个减法：从一个大数6467里，拿走一些量3574，还剩下一些量2893，这就是减法。如图7.26所示。

图7.25 斑马从狮子的大数6467里取走
3574后还剩2893

图7.26 从6467中拿走3574，还剩2893

⑮ 结束借位减法，收回教具和工作毯。

● 连续减法（三个四位数）

❶ 取来银行仓库教具和工作毯，准备开始连续减法。

❷ 假设小动物狮子从银行仓库取了一个大数卡6653，同时取来了对应的串珠6个千、6个百、5个十、3个一。

❸ 这时，小动物斑马准备从狮子的大数6653里取走1368。

❹ 斑马把1368的小数卡从银行仓库拿来，也就是一张1000、一张300、一张60、一张8，滑卡得到1368。如图7.27所示。

❺ 要从6653里取走1368，也就是从串珠6个千、6个百、5个十、3个一中拿走1个千、3个百、6个十、8个一。如图7.28所示。

图7.27 斑马准备从狮子的大数6653里
取走1368

图7.28 斑马从狮子的大数6653里取
走1368

⑥ 从个位开始取，3个一取走8个一，不够取，需要向高一位的十位借1，十位是5个十，借1个十换成低一位的10个一，借位之后变为13个一、4个十。

⑦ 个位的13个一，取走8个一，还剩5个一。

⑧ 十位现在是4个十，要取走6个十，不够取，需要向高一位的百位借1，百位是6个百，借1个百换成低一位的10个十，借位之后变为14个十、5个百。

⑨ 十位的14个十，取走6个十，还剩8个十。

⑩ 百位现在是5个百，要取走3个百，还剩下2个百。

⑪ 千位6个千，要取走1个千，还剩下5个千。

⑫ 整理取走的，核对一遍是否取走了和数卡对应的量，清点剩下的5个千、2个百、8个十、5个一。

⑬ 从银行仓库中取对应的小数卡，一张5000、一张200、一张80、一张5，滑卡得到5285，读作五千二百八十五。如图7.29所示。

⑭ 接着又来了小动物熊猫，继续从5285中拿走4471，即4个千、4个百、7个十、1个一。如图7.30所示。

图7.29 斑马从狮子的大数6653里取走1368，还剩5285

图7.30 小动物熊猫继续从5285中拿走4471

⑮ 个位有5个一，要拿走1个一，还剩4个一。

16 十位有8个十，拿走7个十，还剩1个十。

17 百位要拿走4个百，不够拿，从高位借1个千，到银行换来10个百，于是有12个百，剩下4个千。

18 百位拿走4个百，剩下8个百。

19 千位拿走4个千，剩下0个千。

20 从数5285里，拿走4471后，还剩下0个千、8个百、1个十、4个一，对应拿取小数卡一张800、一张10、一张4，滑卡得到814。如图7.31所示。

图7.31 从一个大数6653中拿走1368，还剩下5285；之后又拿走4471，还剩下814

21 把所有数卡列出竖式回顾，从一个大数6653中，拿走1368，还剩下5285；之后又拿走4471，还剩下814。如图7.32所示。

22 结束连续减法，收回银行仓库教具和工作毯。

图7.32 从一个大数6653中拿走1368，之后又拿走4471，还剩下814

练习和拓展

1 根据示范，邀请孩子尝试独立操作。

2 练习不同位数的数字相减。例如1032-98。

3 带0的数字的减法。例如1033-905。

参考年龄

4.5～6.5岁。

特别说明

减法相比加法要难一些，尤其是借位减法，平时要反复使用教具进行练习，以达到熟练。

7.3　银行仓库乘法

教具构成

银行仓库是由一套金色串珠和数卡构成。一般包含：

❶ 金色串珠50个个位珠、30个十位珠、30个百位珠和9个千位珠。

❷ 三套1～9000的小数字卡片、一套1～9000的大数字卡片。

❸ 动物玩偶若干个。

教具目的

❶ 掌握银行仓库的不进位和进位乘法。

❷ 理解乘法和进位的含义。

❸ 掌握用银行仓库做乘数是个位数的万以内乘法运算的方法。

示范操作

● 不进位乘法

乘法就是同一个数反复拿来相加。

1 取来银行仓库教具和工作毯，准备开始做乘法。

2 假设狮子拿来了小数卡1223，斑马拿来了小数卡1223，熊猫也拿来了小数卡1223。

3 分别到银行取来了1223相对应的量1个千、2个百、2个十、3个一，摆在狮子、斑马和熊猫的下面。如图7.33所示。

4 把所有的量摆放在一块，看看一共有多少。

图7.33 狮子、斑马和熊猫分别取来1223

5 清点三个小动物拿来摆放在一起的银行串珠，有3个千、6个百、6个十、9个一。

6 取来对应的大数卡，一张3000、一张600、一张60、一张9，滑卡后得到了3669，读作三千六百六十九。如图7.34所示。

图7.34 狮子、斑马和熊猫合起来是3669

7 把所有的串珠放回银行，留下数卡。

8 小数卡1223拿来了3次，竖着上中下排放好，最后一共得到了3669。

9 用数卡3代表拿来了3次，留下1套1223的小数卡和代表3次的3，以及大数卡3669，1223×3得到了3669，这就是

乘法。如图7.35所示。

⑩ 完成后收回教具和工作毯。

● 进位乘法

除了不进位乘法，我们还会碰到进位乘法。

❶ 取来银行仓库教具和工作毯。

❷ 假设狮子拿来了小数卡2345，斑马拿来了小数卡2345，熊猫也拿来了小数卡2345，分别摆在小动物下面。

❸ 分别到银行取来了2345相对应的量2个千、3个百、4个十、5个一，摆

图7.35 1223取来3次，得到3669

图7.36 狮子、斑马和熊猫分别取来2345

在狮子、斑马和熊猫的下面。如图7.36所示。

❹ 然后把所有的量摆放在一块，看看一共有多少。

❺ 清点三个小动物拿来摆放在一起的银行串珠，有6个千、9个百、12个十、15个一。

❻ 从个位开始清点，有15个一，需要拿10个一换来高一位十位的1，换来1个十，换完后变为5个一和13个十。

❼ 再清点十位，13个十，需要用10个十换来高一位百位的1，换来1个百，换完后变为3个十和10个百。

❽ 然后清点百位，10个百，正好可换高一位千位的1，换来1个千，换完后百位是0，有了7个千。

⑨ 整理，7个千、0个百、3个十、5个一，所以一共得到了7035，取来对应的大数卡，一张7000、一张30、一张5，滑卡后得到7035，读作七千零三十五。如图7.37所示。

图7.37 狮子、斑马和熊猫合起来是7035

⑩ 把所有的串珠放回银行，留下数卡。

⑪ 小数卡2345拿来了3次，竖着上中下排列好，最后一共得到了7035。

⑫ 用数卡3代表拿来了3次，留下1套2345的小数卡和代表3次的3，以及大数卡7035，2345×3得到了

图7.38 2345取来3次，得到7035

7035，这就是乘法。如图7.38所示。

⑬ 完成后收回教具和工作毯。

练习和拓展

① 根据示范，邀请孩子尝试独立操作。

② 练习不同位数的数字相乘。例如12×5。

③ 带0的数字的乘法。例如108×4。

参考年龄

5～6.5岁。

特别说明

银行仓库乘法的引入，在对进位加法很熟练之后就可以开始，重在感官理解乘法的本质是同一个数的反复相加。当然后面的章节还有更接近乘法概念的介绍。

7.4 银行仓库除法

教具构成

银行仓库是由一套金色串珠和数卡构成。一般包含：

1 金色串珠50个个位珠、30个十位珠、30个百位珠和9个千位珠。

2 三套1~9000的小数字卡片，一套1~9000的大数字卡片。

3 动物玩偶若干个。

教具目的

1 掌握银行仓库的不借位和借位除法。

2 理解除法和退位的含义。

3 掌握用银行仓库做除数是个位数的万以内除法运算的方法。

示范操作

● **不借位除法**

把一个大的数，平均分成几份，每一份得到的数一样多，这就是除法。

1 取来银行仓库教具和工作毯，准备开始做除法。

2 假设狮子拿来了大数卡6939，到银行取来对应的量6个千、9个百、3个十、9个一。

3 现在准备把狮子的6939平均分给另外3只小动物：熊猫、袋鼠和斑马。如图7.39所示。

图7.39 狮子取来6939准备平分给熊猫、袋鼠和斑马

4 除法要从高位开始分配。先从6939的千位开始，6个千，平均分给熊猫、袋鼠和斑马，三只小动物各得到2个千，正好分完，摆在小动物下面。

5 百位是9个百，平均分给熊猫、袋鼠和斑马，分完之后，每只动物得到3个百。

6 十位是3个十，平均分给熊猫、袋鼠和斑马，分完之后，每只动物得到1个十。

7 个位是9个一，平均分给熊猫、袋鼠和斑马，分完之后，每只动物得到3个一。

8 检查一下，3只小动物熊猫、袋鼠和斑马分到了同样的量——2个千、3个百、1个十、3个一。

9 到银行仓库拿取相对应的小数卡一张2000、一张300、一张10、一张3，滑卡得到2313，读作两千三百一十三。

图7.40 熊猫、袋鼠和斑马各分得2313

10 把一个大数6939平均分给熊猫、袋鼠和斑马3只

小动物，每只动物分到同样的量2313。如图7.40所示。

⑪ 平均分给3只小动物，用数卡3代替3只小动物，保留一个2313，这就是除法。如图7.41所示。

⑫ 完成后收回教具和工作毯。

图7.41 6939平分成3份，每份是2313

● 借位除法

① 取来银行仓库教具和工作毯，准备开始做除法。

② 假设狮子拿来了大数卡4562，到银行取来对应的量4个千、5个百、6个十、2个一。

③ 现在准备把狮子的4562平均分给另外3只小动物：熊猫、袋鼠和斑马。如图7.42所示。

图7.42 狮子取来4562准备平分给熊猫、袋鼠和斑马

④ 除法要从高位开始分。先从4562的千位开始，4个千，一个个地分给熊猫、袋鼠和斑马，各得到1个千，摆在小动物下面，还剩1个千，不够分了。

⑤ 把不够分的千，拿到银行仓库换来低一位的百位串珠，1个千换来10个百。

⑥ 换完后，百位有15个百，平均分给熊猫、袋鼠和斑马，每只动物得到5个百。

⑦ 再分十位，十位有6个十，平均分给熊猫、袋鼠和斑马，每个动物得到2个十。

⑧ 再分个位，只有2个一，不够分给3只小动物。余下这2个一，不够分的珠子就是余数。

⑨ 清点3只小动物分到的量，都是1个千、5个百、2个十、0个一，但是还余了2个一，不够分。

⑩ 取来相对应的小数卡一张1000、一张500、一张20，滑卡后得到1520，读作一千五百二十，余数是2个一，取来相应的数卡2。如图7.43所示。

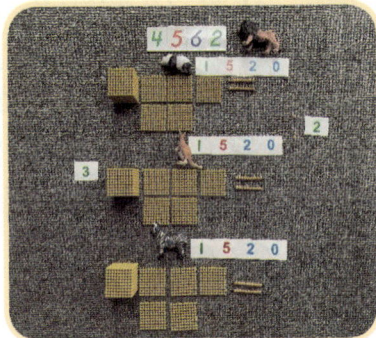

图7.43 熊猫、袋鼠和斑马各分得1520，余数是2

⑪ 一个数4562，平均分成3份，每一份得到了相等的量1520，余下2，这就是除法。

⑫ 平均分给3只动物，用数卡3来代替，保留一个1520。

⑬ 最后回顾一遍，4562÷3，得到1520余2。如图7.44所示。

图7.44 4562平分成3份，每份各分得1520，余数是2

⑭ 完成后收回教具和工作毯。

● 长除法

把一个大的数平均分成10份或者10份以上的份数就是长除法。

① 取来银行教具和工作毯，准备开始做除法。

② 假设大象拿来了大数卡2547，到银行取来对应的量2个千、5个百、4个十、7个一。

③ 现在准备把大象的2547平均分给熊猫、梅花鹿、狮子、老虎、袋鼠、斑马、河马、狼、北极熊、豹子、犀牛和白虎这12只小动物。如图7.45所示。

图7.45 大象拿来2547准备平分给12个小动物

④ 现在准备分配，发现有9个小动物临时有事不在，只有熊猫、狮子和老虎在。这时，用老虎代替其他不在场的9只小动物，所以老虎代表10，熊猫和狮子各代表1。

⑤ 给老虎发一个蓝色的小圆片，蓝色代表10；给熊猫和狮子分别发一个绿色的小圆片，绿色代表1。如图7.46所示。

图7.46 老虎代表10，熊猫和狮子代表1

⑥ 老虎分1个千时，熊猫和狮子就分1个百；老虎分1个百时，熊猫和狮子就分1个十；老虎分1个十时，熊猫和狮子就分1个一。

⑦ 除法要从高位开始分。老虎分1个千，熊猫和狮子各分1个百；老虎又分1个千，熊猫和狮子又各分1个百；老虎分1个百，熊猫和狮子各分1个十；老虎分1个十，熊猫和狮

子各分1个一；老虎又分1个十，熊猫和狮子又各分1个一；还剩下3颗珠子不够分。

⑧老虎分得了2个千、1个百、2个十；熊猫和狮子各分得了2个百、1个十、2个一；还余下3颗珠子。如图7.47所示。

图7.47 老虎分得2120，熊猫和狮子各分得212，余3

⑨ 现在还需要把老虎得到的量2个千、1个百、2个十，平均分给它代表的10只小动物。

⑩ 这时把蓝色的小圆片，换成10个绿色的小圆片，每个绿色的小圆片代表1只小动物，即前面提到不

图7.48 把老虎的蓝色小圆片换成10个绿色小圆片

在场的梅花鹿、袋鼠、斑马、河马、狼、北极熊、豹子、犀牛、白虎。如图7.48所示。

⑪ 从千位开始分，2个千，不够分，需要到银行仓库换取低位的量，2个千换来了20个百。

⑫ 开始分百位，10个绿色的小圆片，每个分1个百；还没分完，继续分百位，10个绿色的小圆片，每个又分到了1个百；剩下1个百，不够分，需要到银行换取低位的量，1个百换来了10个十。

⑬ 开始分十位，10个绿色的小圆片，每个分到1个十；还

剩下2个十，不够分，需要到银行仓库换取低位的量，2个十换来了20个一。

⑭ 开始分个位，10个绿色的小圆片，每个分到1个一；继续分个位，10个绿色的小圆片，每个又分到1个一，分完了。

⑮ 清点查看12个绿色的小圆片，每个得到的都是2个百、1个十、2个一的量。

⑯ 取来相对应的小数卡一张200、一张10、一张2，滑卡后得到212，读作二百一十二。

⑰ 一个数2547，平均分给12只小动物，每一只小动物得到了相等的量——212，余下3，这就是除法。如图7.49所示。

图7.49 12个小动物都分得的是212，余数是3

⑱ 平均分给12只小动物，用数卡12来代替，保留一个212。

⑲ 最后回顾一遍，2547÷12，得到212余3。如图7.50所示。

图7.50 2547平分成12份，每一份得到212，余数是3

⑳ 完成后收回教具和工作毯。

练习和拓展

❶ 根据示范，邀请孩子尝试独立操作。

②练习不同位数的数字除法。例如125÷5。

③带0的数字的除法。例如2000÷4。

参考年龄

5~6.5岁。

特别说明

①做运算时，除法要从高位开始分。

②长除法是有难度的除法，需要有大量的短除法经验作为基础，再进行学习和操作。

7.5 邮票游戏加法

教具构成

一个木制带盖盒子，有6个分格。

上面的两格分别装着绿色、蓝色、红色小人各10个和大一点的绿色小人1个，绿色、蓝色和红色小圆片各5个。

下面的4格中分别装着40个印有1的绿色邮票、30个印有10的蓝色邮票、30个印有100的红色邮票和10个印有1000的绿色邮票。如图7.51所示。

配套的邮票作业纸。

图7.51 邮票游戏

教具目的

1. 对具体教具银行仓库进一步抽象化来做加法运算。
2. 掌握邮票游戏的进位和不进位加法。
3. 进一步理解加法和进位的含义。
4. 掌握用邮票游戏做万以内加法运算的方法。

示范操作

● 与金色串珠的一、十、百、千建立连接

邮票游戏和前面的银行仓库在本质上是一样的。

介绍邮票游戏时，首先需要把邮票游戏里面的一、十、百、千与金色串珠里的一、十、百、千建立连接，通过已经熟悉的金色串珠，理解更为抽象的邮票游戏。

1. 先取出金色串珠一、十、百、千，再取来邮票游戏的一、十、百、千，一一对应摆放。如图7.52所示。

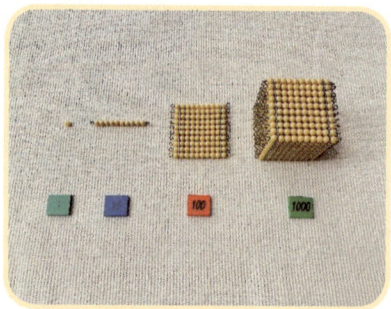

图7.52 金色串珠和邮票游戏的一、十、百、千

2. 告诉孩子，邮票游戏的一就是金色串珠的一，它们是一样的。

3. 使用同样的方式，介绍邮票游戏的十、百和千，它们分别和银行仓库里的十、百和千所表示的量是一样的。

4. 这样就把孩子脑海里已有的东西与新学的邮票建立了连接。

5. 采用三段式语言教学法，再次介绍邮票游戏的一、十、百、千，直到孩子非常熟练。

6 完成后收回教具和工作毯。

● 建构数字

通过建构数字的练习来进一步检验和巩固。

1 取来邮票游戏教具、邮票作业纸和笔，准备用邮票游戏建构一个数字。

2 写下一个数并示范用邮票教具建构数字，接着让孩子操作。

3 例如在邮票作业纸上写出数字3894，即3个千、8个百、9个十、4个一。

4 用邮票游戏来表示，就是3个绿色的千、8个红色的百、9个蓝色的十、4个绿色的一。

5 再写一个数字1045来建构，即1个千、0个百、4个十、5个一。

6 用邮票表示，即1个绿色的千、0个红色的百、4个蓝色的十、5个绿色的一。

7 口头读出一个数，例如两千三百四十五，用邮票游戏建构听到的数字2345，再在邮票作业纸上写下这个数字2345。

8 用邮票表示，即2个绿色的千、3个红色的百、4个蓝色的十、5个绿色的一。

9 用笔在邮票作业纸方格中写出这个数，书写数字时，右边顶格写，一个数位的数字占一格。

10 示范拿取两个数字，上下摆放，数位对齐，千位对千位，百位对百位，十位对十位，个位对个位，为加法练习做准备。

11 例如，拿取数字2462和数字3125。

⑫ 用邮票游戏在桌子的靠上位置建构第一个数，2个绿色的千、4个红色的百、6个蓝色的十、2个绿色的一；靠下的位置建构第二个数字，与第一个数位对齐，3个绿色的千、1个红色的百、2个蓝色的十、5个绿色的一。如图7.53所示。

图7.53 邮票游戏建构数字2462和3125

⑬ 建构完成后，收回教具和工作毯。

● **不进位加法**

加法就是取来一些量，再取来另一些量，它们合在一起之后得到一个更大的量。

❶ 取来邮票游戏教具、邮票作业纸和笔，准备用邮票游戏做加法。

❷ 在邮票作业纸上，上下对齐写下两个数字4182和3516，用邮票游戏建构这两个数，再进行相加。

❸ 先取第一个数4182，即取出4个千、1个百、8个十、2个一。

❹ 在4182下面，数位对齐，接着取第二个数3516，即3个千、5个百、1个十、6个一。

❺ 取完之后，核对一遍，确认无误，再把两个数的邮票合在一起做加法。如图7.54所示。

❻ 合起来之后，清点所有的量，一共是7个千、6个百、9个十、8个一。

❼ 在邮票作业纸上，数字3516下面的方格中，对应写下数字7698。如图7.55所示。

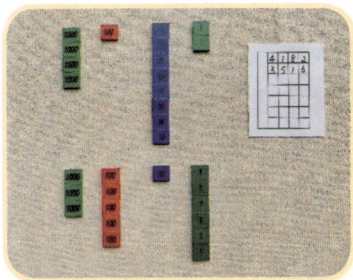

图7.54 邮票游戏建构数字4182和3516

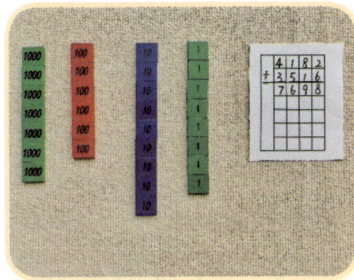

图7.55 邮票游戏4182和3516相加等于7698

⑧ 再在邮票作业纸上补上加号和代表等号的横线。

⑨ 看着邮票作业纸，回顾一遍邮票游戏的加法，拿来两个数4182和3516，进行相加等于7698，这就是加法。

⑩ 完成后收回教具和工作毯。

● 进位加法

加法就是取来一些量，再取来另一些量，把它们合在一起之后得到一个更大的量。

① 取来邮票游戏教具、邮票作业纸和笔，准备用邮票游戏做加法。

② 在邮票作业纸上，上下对齐写下两个数字3736和4296，用邮票游戏建构这两个数，再进行相加。

③ 先取第一个数3736，即取出3个千、7个百、3个十、6个一。

④ 在3736下面，数位对齐，接着取第二个数4296，即4个千、2个百、9个十、6个一。

⑤ 取完之后，核对一遍，确认无误，再把两个数的邮票合在一起做加法。如图7.56所示。

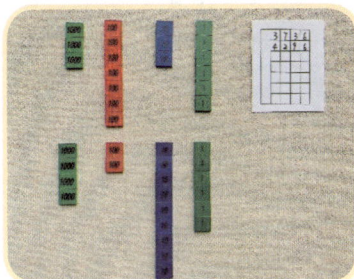

图7.56 邮票游戏建构数字3736和4296

⑥ 两个数的邮票合起来之后，一共有7个千、9个百、12个十、12个一。如图7.57所示。

⑦ 个位的12个一可以换1个高位的十，剩下2个一。

⑧ 十位的12个十加上个位换来的1个十，一共有13个十，可以换1个高位的百，剩下3个十。

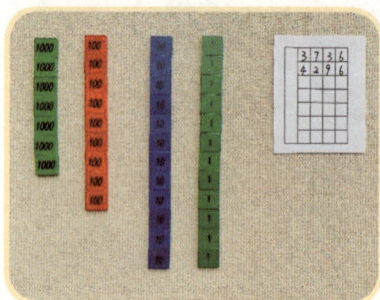

图7.57 数字3736和4296对应的邮票合起来

⑨ 百位的9个百加上十位换来的1个百，一共有10个百，可以换1个高位的千，剩下0个百。

⑩ 千位的7个千加上百位换来的1个千，一共有8个千。

⑪ 整理完所有的邮票之后，最后得到的是8个千、0个百、3个十、2个一。

⑫ 在邮票作业纸上，数字4296下面的方格中，对应写下数字8032。

⑬ 再在邮票作业纸上补上加号和代表等号的横线。如图7.58所示。

⑭ 看着邮票作业纸，回顾一遍邮票游戏的加法，拿来两个数3736和4296，进行相加等于8032，这就是进位加法。

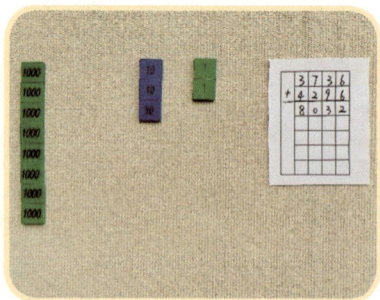

图7.58 邮票游戏3736和4296相加等于8032

⑮ 完成后收回教具和工作毯。

①根据示范，邀请孩子尝试独立操作。

②练习不同位数的数字相加。例如527+55。

③练习三个数，甚至四个数、五个数的加法。例如
1234+249+35+908。

④练习带0的数字的加法。例如2003+915。

参考年龄

5～6.5岁。

特别说明

①邮票作业纸可以用尺子、白纸和笔自制。

②随着理解能力和抽象思维能力的提升，以及手部肌肉发育的日趋完善，这个阶段孩子除了需要能够正确建构数字，读出数字，还需要掌握数字的书写。

③书写加号和代表等号的横线已经是在为竖式计算做准备了，这里需要介绍加号和等号。

7.6 邮票游戏减法

教具构成

一个木制带盖盒子，有6个分格。

上面的两格分别装着绿色、蓝色、红色小人各10个和大一点的绿色小人1个，绿色、蓝色和红色小圆片各5个。

下面的4格中分别装着40个印有1的绿色邮票、30个印有10的蓝色邮票、30个印有100的红色邮票和10个印有1000的绿色邮票。

配套的邮票作业纸。

教具目的

1 对具体教具银行仓库进一步抽象化来做减法运算。

2 掌握邮票游戏的借位和不借位减法。

3 进一步理解减法和退位的含义。

4 掌握用邮票游戏做万以内减法运算的方法。

示范操作

● **不借位减法**

从一个较大的数中，拿走一些量，还剩下一些量，这就是减法。

1 取来邮票游戏教具、邮票作业纸和笔，准备用邮票游戏做不借位减法。

2 在邮票作业纸上，上下对齐写下两个数字6745和3524，用邮票游戏建构这两个数，再进行相减。

3 先从邮票游戏中取第一个数6745，即取出6个千、7个百、4个十、5个一。

4 减法是需要取走一些量，从6745里取走第二个数3524，即3个千、5个百、2个十、4个一。如图7.59所示。

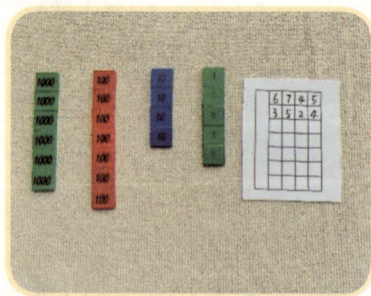

图7.59 邮票游戏建构6745，准备减去3524

⑤ 从个位开始取，5个一取走4个一，还剩1个一。

⑥ 十位的4个十取走2个十，还剩2个十。

⑦ 百位的7个百取走5个百，还剩2个百。

⑧ 千位的6个千取走3个千，还剩3个千。

⑨ 取完之后，核对一遍，确认无误，再清点剩下的邮票是多少。

⑩ 从大数中取走一些之后，还剩下3个千、2个百、2个十、1个一。

⑪ 在邮票作业纸上，数字3524下面的方格中，对应写下数字3221。

⑫ 再在邮票作业纸上补上减号和代表等号的横线。如图7.60所示。

⑬ 看着邮票作业纸，回顾一遍邮票游戏的减法，拿来了一个大数6745，从中取走3524，相减后，还剩下3221，这就是不借位减法。

图7.60 邮票游戏6745和3524相减等于3221

⑭ 完成后收回教具和工作毯。

借位减法

从一个较大的数中，拿走一些量，还剩下一些量，这就是减法。

❶ 取来邮票作业游戏教具、邮票作业纸和笔，准备用邮票游戏做借位减法。

❷ 在邮票作业纸上，上下对齐写下两个数字5134和3456

，用邮票游戏建构这两个数，再进行相减。

③ 先从邮票游戏中取第一个数5134，即取出5个千、1个百、3个十、4个一。

④ 减法是需要取走一些量，从5134里取走第二个数3456，即3个千、4个百、5个十、6个一。如图7.61所示。

图7.61 邮票游戏建构5134，准备减去3456

⑤ 从个位开始取，4个一取走6个一，不够取，从十位借1个，换成10个一，和本有的4个一合起来，一共有14个一，取走6个，还剩8个一。

⑥ 十位的3个十，刚被借走1个十，还剩2个十，现在需要取走5个十，不够取，要从高一位的百位借1，换成10个十，就一共有了12个十，取走5个，还剩7个十。

⑦ 百位的1个百，刚被借走1个百，还剩0个百，现在需要取走4个百，不够取，要从高一位的千位借1，换成10个百，就有了10个百，取走4个百，还剩6个百。

⑧ 千位的5个千，刚被借走1个千，还剩4个千，现在取走3个千，还剩1个千。

⑨ 取完之后，核对一遍，确认无误，再清点剩下的邮票是多少。

⑩ 从大数中取走一些之后，还剩下1个千、6个百、7个十、8个一。

⑪ 在邮票作业纸上，数字3456下面的方格中，对应写下数字1678。

⑫ 再在邮票作业纸上补上减号和代表等号的横线。如图7.62所示。

⑬ 看着邮票作业纸，回顾一遍邮票游戏的减法，拿来了一个大一些的数5134，从中取走3456，相减后还剩下1678，这就是借位减法。

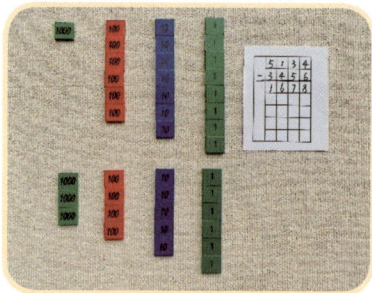
图7.62 邮票游戏5134和3456相减等于1678

⑭ 完成后收回教具和工作毯。

练习和拓展

① 根据示范，邀请孩子尝试独立操作。

② 练习不同位数的数字相减。例如4586-235。

③ 练习三位数，甚至四位数、五位数的减法。例如5135-23-543。

④ 练习带0的数字的减法。例如2003-1015。

参考年龄

5～6.5岁。

特别说明

① 加法和减法是逆运算关系，通过以上的操作，孩子可以慢慢体会减法和加法的关系。

② 借位减法相对不借位减法要难一些，难点在于换位，也需要给孩子一定的时间进行消化和沉淀，不要急于让孩子算出正确答案。

7.7 邮票游戏乘法

教具构成

一个木制带盖盒子，有6个分格。

上面的两格分别装着绿色、蓝色、红色小人各10个和大一点的绿色小人1个，绿色、蓝色和红色小圆片各5个。

下面的4格中分别装着40个印有1的绿色邮票、30个印有10的蓝色邮票、30个印有100的红色邮票和10个印有1000的绿色邮票。

配套的邮票作业纸。

教具目的

1 对具体教具银行仓库进一步抽象化来做乘法运算。

2 掌握邮票游戏的进位和不进位乘法。

3 进一步理解乘法和进位的含义。

4 掌握用邮票游戏做乘数是个位数的万以内乘法运算的方法。

示范操作

● 不进位乘法

把同一个数反复相加，就是乘法。

1 取来邮票游戏教具、邮票作业纸和笔，准备用邮票游戏做不进位乘法。

2 在邮票作业纸上第一排写下一个数字2321，在第二排写下数字3，告诉孩子今天要用邮票游戏做乘法，即2321×3。

③用邮票游戏建构2321，即取2个千、3个百、2个十、1个一，乘以3即需要建构3次2321。如图7.63所示。

④建构完之后核对一遍，确认无误，再进行相加。

⑤把所有的邮票分类整理到一块，一共有6个千、9个百、6个十、3个一。

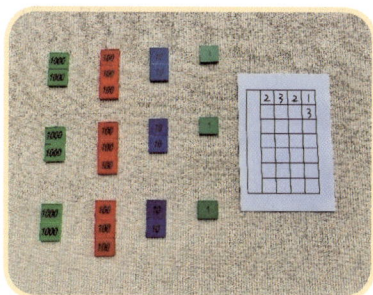

图7.63 邮票游戏建构3次2321

⑥在邮票作业纸的第三排格子中，写下数字6963。

⑦再在邮票作业纸上补上乘号和代表等号的横线。如图7.64所示。

⑧看着邮票作业纸，回顾一遍邮票游戏的乘法，

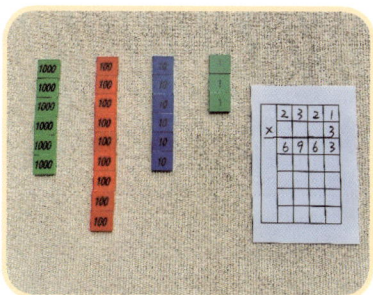

图7.64 2321乘以3等于6963

一个数2321乘以3，即把2321这个数拿来进行3次相加，等于6963。

⑨乘法完成后收回教具和工作毯。

● 进位乘法

把同一个数反复相加，就是乘法。

①取来邮票游戏教具、邮票作业纸和笔，准备用邮票游戏做进位乘法。

②在邮票作业纸上第一排写下一个数字637，在第二排写下数字2，告诉孩子今天要用邮票游戏做乘法，即637×2。

③用邮票游戏建构637，即取6个百、3个十、7个一，乘

以2即需要建构两次637。如图7.65所示。

④ 建构完之后核对一遍，确认无误，再进行相加。

⑤ 从个位开始清点所有的量，一共有14个一，需要进一位，用10个一换1个十，剩下4个一。

图7.65 邮票游戏建构2次637

⑥ 再看十位，有7个十，不用进位。

⑦ 百位有12个百，需要进一位，用10个百去换1个千，剩下2个百。如图7.66所示。

⑧ 千位有1个千。

⑨ 把所有的邮票分类整理到一块，一共有1个千、2个百、7个十、4个一。

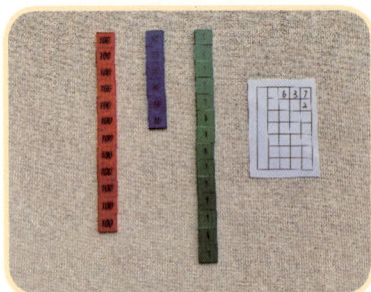

图7.66 637建构2次的邮票合起来

⑩ 在邮票作业纸的第三排格子中，写下这个数字1274。

⑪ 再在邮票作业纸上补上乘号和代表等号的横线。如图7.67所示。

图7.67 637乘以2等于1274

⑫ 看着邮票作业纸，回顾一遍邮票游戏的乘法，一个数637乘以2，即把637这个数拿来进行2次相加，等于1274。

⑬ 乘法完成后收回教具和工作毯。

练习和拓展

1 根据示范，邀请孩子尝试独立操作。

2 练习不同位数的数字乘法。例如21×5。

3 练习带0的数字的乘法。例如107×3。

参考年龄

5～6.5岁。

特别说明

1 邮票游戏和银行仓库原理一样，如果这里孩子对乘法有困惑，可以先回顾银行仓库乘法。

2 做完加法的练习，就可跳过减法，直接进行乘法的练习了。

7.8 邮票游戏除法

教具构成

一个木制带盖盒子，有6个分格。

上面的两格分别装着绿色、蓝色、红色小人各10个和大一点的绿色小人1个，绿色、蓝色和红色小圆片各5个。

下面的4格中分别装着40个印有1的绿色邮票、30个印有10的蓝色邮票、30个印有100的红色邮票和10个印有1000的绿色邮票。

配套的邮票作业纸。

教具目的

1 对具体教具银行仓库进一步抽象化来做除法运算。

2 掌握邮票游戏的借位和不借位除法。

3 进一步理解除法和退位的含义。

4 掌握用邮票游戏做除数是个位数的万以内除法运算。

示范操作

● 不借位除法

把一个数平均分成几份，每一份得到的数是一样的，这就是除法。

1 取来邮票游戏教具、邮票作业纸和笔，准备用邮票游戏做不借位除法。

2 在邮票作业纸上第一排写下一个数字6933，在第二排写下数字3，告诉孩子今天要用邮票游戏做除法，即6933÷3。

3 用邮票游戏建构6933，即取6个千、9个百、3个十、3个一，建构完之后核对一遍，确认无误，再进行除法。

4 做除法，6933除以3，即把6933平均分成3份。

5 拿出邮票游戏里的3个小绿人，平分6933。如图7.68所示。

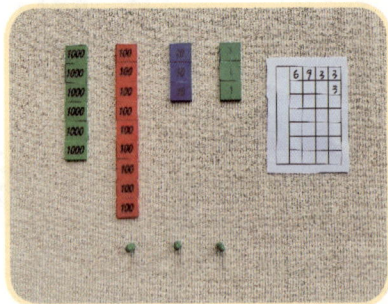

图7.68 邮票游戏建构出6933，准备平分给3个小绿人

6 除法必须从高位开始做计算，先分千位。

7 千位有6个千，一个个地分，每个小绿人先得到1个千，继续分，每个小绿人又得到1个千，分完后每个小绿人都

得到了2个千。

⑧ 使用同样的方式，再分百位，每个小绿人分到3个百。

⑨ 分十位，每个小绿人分到1个十。

⑩ 分个位，每个小绿人分到1个一。

⑪ 把每个小绿人得到的量数一遍，发现每一个小绿人都得到一样多的量，即2个千、3个百、1个十、1个一。

⑫ 在邮票作业纸对应的第三排格子中写下2311这个数，就是结果。

⑬ 再在邮票作业纸上补上除号和代表等号的横线。如图7.69所示。

⑭ 拿着邮票作业纸，回顾一遍，一个数6933除以3，即把6933平均分成3份，每一份得到了2311，这就是除法。

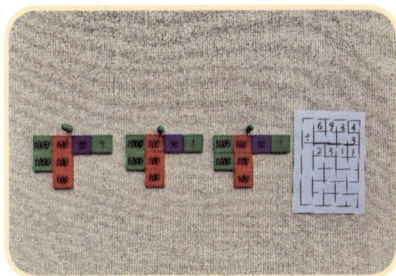

图7.69 每个小绿人得到2311

⑮ 除法完成后收回教具和工作毯。

● 借位除法

把一个数平均分成几份，每一份得到的数是一样的，这就是除法。

① 取来邮票游戏教具、邮票作业纸和笔，准备用邮票游戏做借位除法。

② 在邮票作业纸上第一排写下一个数字1272，在第二排写下数字3，告诉孩子今天要用邮票游戏做除法，即1272÷3。

③ 用邮票游戏建构1272，即取1个千、2个百、7个十、2个一，建构完之后核对一遍，确认无误，再进行除法。

④ 做除法，1272除以3，即把1272平均分成3份。

⑤ 拿出邮票游戏里的3个小绿人，平分1272。如图7.70所示。

⑥ 除法必须从高位开始做计算，先分千位。

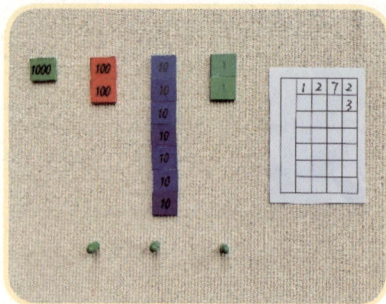

图7.70 邮票游戏建构1272，准备平分给3个小绿人

⑦ 千位有1个千，有3个小绿人，不够分，需要把1个千换成低一位（即百位）的10个百。

⑧ 这样，百位就有12个百，再分百位。一个个地分，每个小绿人先每人得到1个百；继续分，每个小绿人又得到1个百……4次分完后每个小绿人都得到了4个百。

⑨ 使用同样的方式，再分十位，每个小绿人分到2个十。

⑩ 分个位，每个小绿人分到4个一。

⑪ 把每个小绿人得到的量数一遍，发现每个小绿人都得到一样多的量，即4个百、2个十、4个一。

⑫ 在邮票作业纸对应的第三排格子中写下424这个数，就是结果。

⑬ 再在邮票作业纸上补上除号和代表等号的横线。如图7.71所示。

⑭ 拿着邮票作业纸，回顾一遍，一个数1272除以3

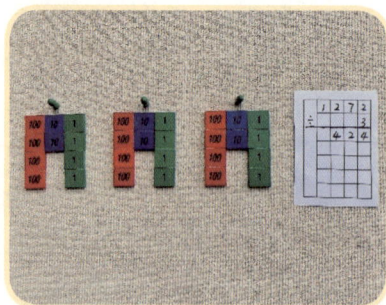

图7.71 每个小绿人得到424

，即把1272平均分成3份，每一份得到了424，这就是除法。

⑮ 除法完成后收回教具和工作毯。

● 长除法

把一个大的数平均分成10份或者10份以上的数就是长除法，它是有难度的除法，需要有大量的短除法练习经验作为基础，再进行学习和操作。

❶ 取来邮票游戏教具、邮票作业纸和笔，准备用邮票游戏做长除法。

❷ 在邮票作业纸上第一排写下一个数字2547，在第二排写下数字12，告诉孩子今天要用邮票游戏做长除法，即2547除以12。

❸ 用邮票游戏建构2547，即取2个千、5个百、4个十、7个一，建构完之后核对一遍，确认无误，再进行除法。

❹ 做除法，2547除以12，即把2547平均分给12个小绿人，每个小绿人分得的量是一样的。

❺ 现在从邮票游戏中取1个小蓝人代替10个小绿人，小蓝人代表10，小绿人代表1。如图7.72所示。

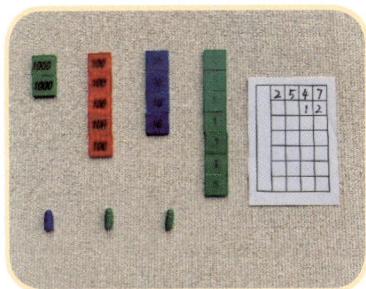

图7.72 邮票游戏建构2547，准备平分成12份

❻ 小蓝人分1个千时，小绿人就分1个百；小蓝人分1个百时，小绿人就分1个十；小蓝人分1个十时，小绿人就分1个一。

❼ 除法从高位开始分，千位有2个千，小蓝人分1个千，另外2个小绿人各分1个百；小蓝人又分1个千，小绿人又各分1个百。

⑧ 接着分百位。小蓝人分1个百，两个小绿人各分1个十。

⑨ 分十位。小蓝人分1个十，小绿人各分1个一；小蓝人又分1个十，两个小绿人又各分1个一；还剩下3个邮票即3个一，不够分。

⑩ 清点后，小蓝人分得了2个千、1个百、2个十；两个小绿人各分得了2个百、1个十、2个一，余下3个一。如图7.73所示。

⑪ 现在还需要把小蓝人得到的邮票2个千、1个百、2个十，平均分给它代表的10个小绿人。这时把这1个小蓝人换成10个小绿人。

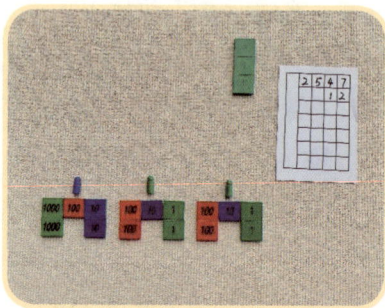

图7.73 小蓝人分得2120，两个小绿人各分得212，余数是3

⑫ 从千位开始分，2个千，不够分，需要到银行仓库换取低位的量，2个千换来了20个百。

⑬ 开始分百位。10个小绿人，每个分到1个百，继续分百位，10个小绿人，每个又分到了1个百；剩下1个百，不够分，需要到银行换取低位的量，1个百换来了10个十。

⑭ 开始分十位。10个小绿人，每个分到1个十，还剩下2个十，不够分，需要到银行仓库换取低位的量，2个十换来了20个一。

⑮ 开始分个位。10个小绿人，每个小绿人分到1个一，继续分个位，10个小绿人，每个小绿人又分到1个一，直到分完。

⑯ 清点查看12个小绿人，每一个得到的都是2个百、1个十、2个一的量，还余下3个一，不够分了。

⑰ 在邮票作业纸对应的第三排格子中写下212这个数，第四排写下3这个余数，就是结果。

⑱ 再在邮票作业纸上补上除号和代表等号的横线。如图7.74所示。

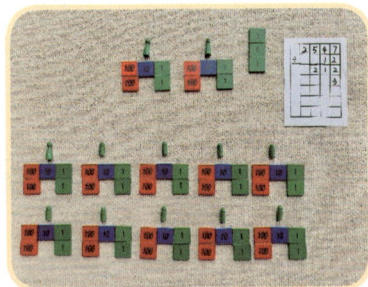

图7.74 12个小绿人每人分得212，余数是3

⑲ 拿着邮票作业纸，回顾一遍，一个数2547除以12，即把2547平均分成12份，每一份得到了212，余下3，这就是除法。

⑳ 长除法完成后收回教具和工作毯。

练习和拓展

❶ 根据示范，邀请孩子尝试独立操作。

❷ 练习不同位数的数字除法。例如24÷4。

❸ 练习带0的数字的除法。例如1209÷3。

参考年龄

5~6.5岁。

特别说明

邮票游戏相比银行仓库更为抽象一点，但它仍然是很具体的教具，其中的原理是一样的。反复练习有助于帮助孩子加深对十进制加减乘除法的理解。如果理解邮票游戏有问题，可以退回到银行仓库教具再次进行练习。

第8章

记忆数学

　　数学需要记忆吗？答案是肯定的。数学里的公理、定理、基本的公式都需要记忆。不光要记忆，还要理解性地记忆，并且会活学活用。

　　数学里记忆的任务量并不大，理解性的记忆能使我们对本质的理解更加深刻、透彻。

　　前面我们已经介绍了银行仓库和邮票游戏这两套教具的使用方法。在实践中，孩子逐步对数与量、十进制、数位、数值、换位和加减乘除法等形成了概念。

　　银行仓库是具体的实物，邮票游戏进一步把银行仓库的本质个、十、百、千抽象出来。邮票游戏相较于银行仓库更加抽象，使孩子进行了一次形象思维到抽象思维的过渡和认知的升级。

　　但是对于聪明的人类和学科本身而言，这还远远不够，抽象出来后还需要大脑记住，进一步达到对数学本质的抽象化理解与运用，完成从一个具体到抽象，再到任一具体这一认知过程。

　　通过加法蛇、减法蛇、加法板、减法板、乘法板和除法板等一系列教具记忆数学，有助于孩子在实操中记忆。调动感官去记忆，是科学的记忆方式。

　　教具加入游戏元素的蛇游戏，通过代表不同数量的彩色串珠来设计建构不同形状的蛇，再通过金色串珠十充当基准珠，孩子不断熟练地去凑10和破10，会很乐意设计不同形状的蛇，而且不会感觉到枯燥，从而引发他们自主学习的兴趣。

　　加法和减法长条板对比蛇游戏稍微抽象一点，再结合加减法表，在玩的过程中加强了对加法和减法的概念理解，无形之中把10以内的加减法都记住了。记住了之后，自然会脱离教具，通过对本质的链接，反推至别的任一具体事物上。

　　之前我们运用银行仓库的金色珠子做运算，很多家长和孩子都感觉到这个教具太神奇了，很适合孩子且容易提高孩子的兴趣。但是对于即将进入小学的孩子，随着他们抽象能力的逐步增强，需要通过大量的操作去帮助他们记忆一些算式，锻炼口算和心算的能力，这是运算能力的体现，也是数学初级阶段的核心能力，而这一步最主要的就是对数字的基本组合进行记忆。

　　那么，什么是基本组合呢？

　　举个例子，4+6，3+7，5+7，2+4，3×5，9÷3这些就是基本组合，而12+6，123÷3这样的就不是基本组合，我们只需要知道2+6，12÷3和3÷3就可以计算出12+6和123÷3了。

　　在这一章里，无论是加减法，还是乘除法，都会遵循从具体到抽象的原则，先介绍具体的工作，例如加法蛇、减法蛇和串珠乘法等，再介绍加法板、减法板、乘法板和除法板，最后介绍加法表、减法表、乘法表和除法表。

从不同角度、不同阶段去辅助孩子记忆基本组合。它完全不是语义上的机械背诵，而是孩子在使用中去探索规律去记忆，通过肌肉的感受去记忆。

举个例子，来看看加法是如何一步步过渡的。

加法蛇是第一项练习，它是最具体的，由彩色串珠1～9、黑白串珠、金色串珠组成。在经历了前面数数的工作之后，彩色串珠对应的数字，什么颜色代表什么数字，孩子基本可以记下来了。看到白色的珠子他们自动会想到数字7，看到绿色的珠子会自动联想成2，这中间也在发生一些奇妙的变化，就是把串珠符号化。也就是说，白色的和绿色的串珠放在一起，就是7和2放在一起，得到的是9。

做蛇游戏时，把彩色串珠转化为金色串珠，又是一次符号化的过程。这样的方式对孩子来说是自然而然的过渡，虽然他们手里摆出来的是彩色串珠，比如棕色的8和粉色的3，这两个摆到一起，要先转换成金色的10，还多出了一个1，但是在头脑里，他们会联想到8和3放在一起，先是转化成一个10，多一个1，所以是11。并不是我们直接生硬地告诉孩子8+3=11，把它记下来，这样的记忆是没有意义的。

第二项练习是加法长条板，它用长度不同的长条来表示数字。珠子是一颗颗的，长条是一个整体。它会引导孩子去做一些规律性的探索，并且对规律进行记忆，总结了规律才能帮助我们提高数学计算效率，这其实也是一种抽象的思考方式。

　　实践中，孩子经常会有很多新的发现，引发他们的思考。例如 1+2，1+3，1+4，答案每次都比前一个要多一个数，他们会想："为什么每一个答案会比前一个多一个数呢？"很快他们就会发现，被加数不变，加数增加，和也会增加。有时候这样一些简单的数学定义很容易被发现，需要多鼓励他们用自己的语言来描述。

　　第三项练习是加法表，最后练习空白表时，孩子就已经可以通过脑子里储备的对基本组合的记忆，自然而然地写出答案了。

　　说到底，记忆数学的本质是借助教具自发地探索规律，再自我总结，这种记忆是忘不掉的。要允许孩子去自由探索，孩子发现了数学的规律之后，才算真正理解到内涵。学会适当地"偷懒"，其实是抽象思维在进步。这个抽象是怎么来的？就是在之前有了大量具象的理解之后出现的。

8.1 加法蛇

教具构成

三套彩色串珠1～9。

一套黑白串珠1～9。

20个金色串珠十。

一个数数片。如图8.1所示。

图8.1 加法蛇教具

教具目的

① 练习10的合成和分解。

② 帮助记忆加法的基本组合。

示范操作

● 加法蛇示范一

① 取来加法蛇教具和工作毯，准备建构一条加法蛇。

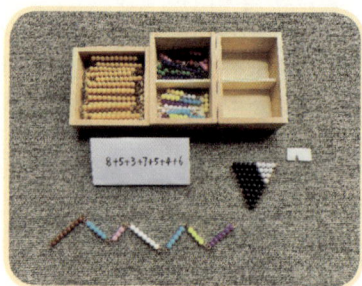

图8.2 建构加法蛇

② 题卡上写着8+5+3+7+5+4+6，拿取对应的彩色串珠，按顺序摆成"Z"字形的蛇状。如图8.2所示。

● 加法蛇示范一

① 取来加法蛇串珠教具和工作毯，把串珠盒平放在工作毯上，准备开始加法蛇工作。

② 打开盒盖，回顾要用到的串珠，有彩色串珠1～9和金色串珠十。

③ 介绍黑白串珠1～9，从黑白串珠9开始，挨个数出珠子

数，白色珠子朝右摆放；接着数黑白串珠8，数完贴着黑白串珠9摆在下面，直到数完黑白串珠1，呈倒三角摆放。如图8.3所示。

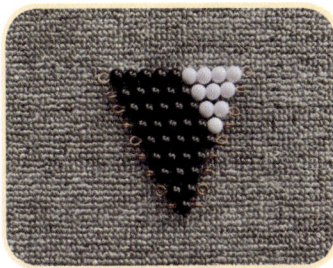

图8.3 黑白串珠

④ 拿出若干根1～9的彩色串珠，连起来，摆成蛇形，要计算出加法蛇珠子数的和。

⑤ 拿数数片挨个数数，每数到10，就用数数片插入暂停的位置。

⑥ 把数数片前面的10用一串金色串珠十来代替，数过的彩色串珠收回盒中。

⑦ 数数片后面如果还剩珠子没数到，数数是几，用对应的黑白珠子来代替，将数过的彩色串珠收回盒中。

⑧ 然后从黑白串珠开始数数，包括后面的彩色串珠，数到10就用数数片插入暂停，将前面的彩色串珠收回盒中，用金色串珠十来代替，后面如果还剩彩色串珠，就用黑白串珠代替；如果没剩，就可以拿开数数片，接着数。如图8.4所示。

图8.4 用金色和黑白串珠代表彩色串珠

⑨ 按以上方法，一直数完所有彩色串珠。

⑩ 数完后，只剩下金色串珠和黑白串珠，得到的数就是加法的和。如图8.5所示。

图8.5 加法蛇得到的答案是38

⑪ 完成后收回教具和工作毯。

● 验算一

① 前面示范一摆出了一条加法蛇，做了加法的游戏，得到了加法的和。

② 现在来做验算的工作，检查加法的和是否正确。

③ 把金色串珠和黑白串珠竖着隔开距离摆放好。

④ 把收回盒子里的加法蛇全部取出来，也就是刚才数过的彩色串珠。

⑤ 整理加法蛇，从大到小依次摆在加法的和上面。如图8.6所示。

⑥ 从加法蛇中最大的串珠开始，假设第一个是一个8，往金色串珠10旁边摆放来凑10，还差一个2，在加法蛇的彩色串珠里找。如果有2，刚好和8凑成10；如果没有2，需要拿加法蛇的3去换来一个2和一个1，与8凑成10。如图8.7所示。

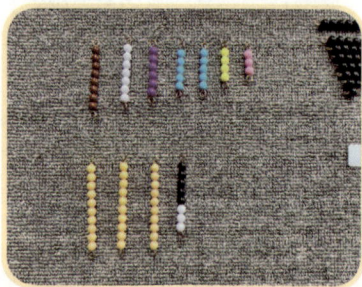

图8.6 加法蛇和加法的和并列摆放

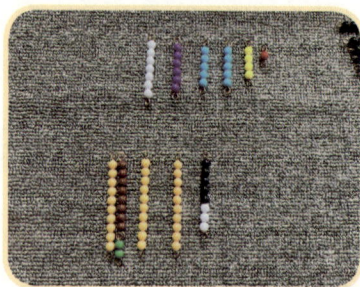

图8.7 用加法蛇的彩色串珠凑10，与加法的和配对

⑦ 用同样的方式，把加法蛇的彩色串珠全部凑10，摆放在加法的和旁边。

⑧ 单出的彩色串珠正好等于黑白串珠，就得到了验算。

⑨ 加法蛇的串珠和加法的和的串珠一样多，就得到了最

后的验算。如图8.8所示。

⑩ 完成后收回教具和工作毯。

● 加法蛇示范二

① 取来加法蛇串珠教具和工作毯，把串珠盒平放在工作毯上，准备开始加法蛇练习。

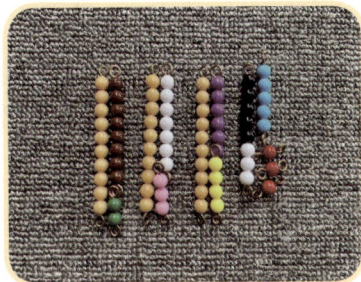

图8.8 配对完得到验算

② 拿出若干根1~9的彩色串珠，摆成连起来的蛇形，计算出加法蛇珠子数的和。

③ 取前面两个彩色串珠，拿数数片挨个数数，如果不到10，就取来相应的黑白串珠，将两个彩色串珠收回盒子。

④ 如果超过10，每数到10，就用数数片插入暂停的位置，把数数片前面的10用一串金色串珠十来代替，数过的彩色串珠收回盒中。如图8.9所示。

图8.9 取前面两根彩色串珠数10

⑤ 数数片后面如果还剩珠子没数到，数数是几，用对应的黑白珠子来代替，将数过的彩色串珠收回盒中。

⑥ 继续数接下来的彩色串珠，数到10就用数数片插入暂停，前面的彩色串珠收回盒中，用金色串珠十来代替，后面如果还剩彩色串珠，用黑白串珠代替，如果没剩就可以拿开数数片，接着数；如果两个串珠数完不到10，就用黑白串珠代替。

⑦ 按以上方法，每次数两个串珠，直到数完所有彩色串珠。

⑧ 数完后，只剩下金色串珠和黑白串珠，得到的数就是加法的和。

⑨ 完成后收回教具和工作毯。

● 验算二

① 前面示范二摆出了一条加法蛇，做了加法的游戏，得到了加法的和。

② 现在来做验算的工作，检查加法的和是否正确。

③ 把加法蛇从盒中取出，从大到小依次竖着隔开距离摆放好。如图8.10所示。

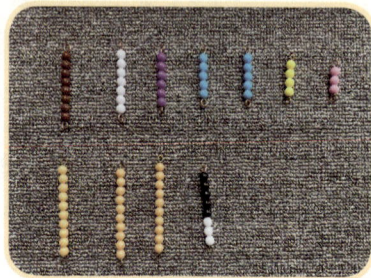

图8.10 加法蛇和加法的和上下并列摆放

④ 把前面得到的加法的和摆放在下面，用和的金色串珠和黑白串珠破10，和加法蛇的彩色串珠进行配对。

⑤ 从加法蛇中最大的串珠开始，假设第一个是一个9，金色串珠摆放到旁边，多一个1，需要破10，换成一个9和一个1，换来的9放在第一个9的旁边，换来的1放在下面一排最后。

⑥ 用同样的方式，把金色串珠全部破10，与加法蛇的彩色串珠去配对，摆放在加法蛇彩色串珠的旁边。

⑦ 单出的黑白串珠正好等于剩下的彩色串珠，就得到了验算。

⑧ 加法的和与加法蛇的串珠一样多，就得到了最后的验算。如图8.11所示。

⑨ 完成后收回教具和工作毯。

图8.11 配对完得到了验算

练习和拓展

根据示范，邀请孩子尝试独立操作。

参考年龄

5～6.5岁。

特别说明

①加法的被加数、加数以及和都需要介绍给孩子。

②加法蛇游戏可以摆成很长的一条蛇形，反复地凑10和破10，将10以内的加减法在操作过程中内化到孩子的大脑中，通过验算，还可以进行自我纠错和检验，从而养成良好的学习习惯。

8.2　加法长条板

教具构成

一块横向18格、纵向12格的方格板子，第一行写着数字1～18，其中1～10是红色，11～18是蓝色，10的旁边有一条纵向的红色分隔线。

蓝色长条规尺有1～9，共9条，数字印在右端，作为被加数使用。

红色长条规尺有1～9，共9条，数字印在右端，作为加数使用。

加法算式盒，内含100以内的加法算式木板以及方形数字木板。

加法控制表一和加法控制表二。

加法算式配套作业纸、草稿纸和笔。如图8.12所示。

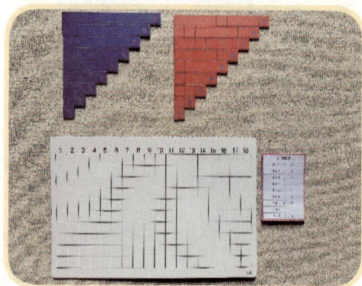

图8.12 加法长条板

教具目的

❶ 进一步加强加法的运算能力。

❷ 为加法的笔算和心算做预备。

示范操作

❶ 取来加法长条板教具摆在桌面中间位置，左上从上至下依次摆放好9~1的蓝色长条规尺，右上从上至下依次摆放好9~1的红色长条规尺。

❷ 蓝色长条是被加数，红色长条是加数，例如3+4，可以取来蓝色的长条3和红色的长条4，先在长条板的第一行左边格子顶格摆放长条3，然后将长条4摆放在长条3后，3+4的结果在长条末端的上面，对应着的数字是7，所以得数是7，做完后收回长条板。

❸ 根据加法算式配套作业纸，依次做1为被加数的加法。

❹ 第一个是1+2，取蓝色的长条1，摆在第一行第一格，再取红色的长条2，摆在第一行的第二格，答案在上方，数字是3，所以1+2的和是

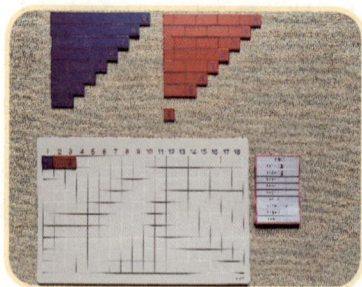

图8.13 加法长条板做加法1+2=3

3，在配套纸上写下1+2=3的结果。如图8.13所示。

⑤ 继续做1的加法，直到做完1+9，完成第一张配套作业纸1的加法后，取来加法控制表一，对照我们使用长条板写出来的等式结果，检验是否正确，确认无误再收回加法控制表一。

⑥ 接着用同样的方法，继续做配套作业纸上所有2的加法、3的加法，直到做完9的加法，对照加法控制表一检查答案。如图8.14所示。

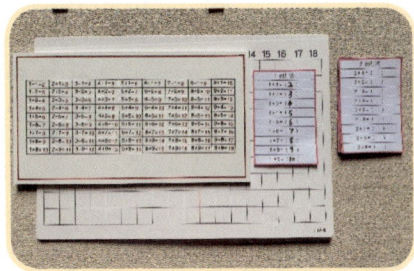

图8.14 加法控制表核对结果

⑦ 确认所有的加法等式无误后，读一遍作业纸上所有的等式，以加深印象。

⑧ 完成后收回教具和工作毯。

练习和拓展

① 根据示范，邀请孩子尝试独立操作。

② 运用算式盒里的算式和加法长条板做加法的计算练习，同时把加法的等式写在草稿纸上来锻炼书写。

③ 练习2～18以内任意一个数字的所有组合。例如10的组合，把所有10的组合都在加法长条板上呈现出来，取出加法控制表检验，之后找到加数和被加数交换后结果一样的规律，例如3+7和7+3的结果是一样的，介绍加法的交换律。

④ 练习2～18所有数字的组合。把2～18所有数字的加法组合都列出来，写在草稿纸上，最后取来加法控制表二进行检查，确认无误后读一遍纸上所有的等式加深印象。

参考年龄

5.5~6.5岁。

特别说明

❶ 加法有两张错误控制表。第一张是示范操作里面1~9的加法等式表，第二张是练习和拓展中练习2~18所有数字的加法组合表。可以让孩子自己独立检验前面的运算是否正确。

❷ 这项工作有在草稿纸上写算式和等式的练习，以及正确读出等式的练习，都是在为过渡到加法的笔算、心算做预备。

❸ 加法算式盒里的算式可以用自制的一些算式题目卡片来代替。

8.3 加法表

教具构成

加法算式盒、加法控制表、加法练习表一、加法练习表二、加法练习表三、加法空白表、草稿纸和笔。

教具目的

❶ 巩固加法的计算能力。

❷ 逐步过渡到加法心算。

示范操作

● **加法练习表一**

① 取来加法练习表一、加法算式盒、草稿纸、笔，将加法练习表一摆在桌面中间位置，加法算式盒摆在上面，草稿纸和笔摆在练习表一右侧。

② 从加法算式盒中取出一个算式，例如2+5。

③ 在草稿纸上誊抄这个算式，用加法练习表找出答案。

④ 加法练习表一上面一排的蓝色数字代表被加数，左侧一列红色数字代表加数，左手食指从蓝色1开始滑动，找到被加数2，右手食指从红色1开始滑动，找到加数5，再同时向表内滑动，直到两个手指交汇。

⑤ 两指交汇的数字是7，所以7就是答案，把答案7誊写到草稿纸算式的等号后面。如图8.15所示。

图8.15 加法练习表一做加法2+5=7

⑥ 再拿出加法控制表来检验答案是否正确。

⑦ 确认无误后，用同样的方法做算式盒里的其他算式。

⑧ 完成后收回教具和工作毯。

● **加法练习表二**

① 取来加法练习表二、加法算式盒、草稿纸、笔，将加法练习表二摆在桌面中间位置，加法算式盒摆在上面，草稿

纸和笔摆在练习表二右侧。

②从加法算式盒中取出一个算式，例如5+6。

③在草稿纸上誊抄这个算式，用加法练习表二找出答案。

④加法练习表二左侧第一列有红色的数字1～9，中间部分只在左下角有答案。先在左侧找到被加数5，左手食指横着滑动到末端；再在左侧找到加数6，右手食指横着滑动到左手食指停留的那一列；左手食指再滑下来，两指交汇。

⑤交汇点的数字11就是答案，把答案11誊写到草稿纸算式的等号后面。如图8.16所示。

图8.16 加法练习表二做加法5+6=11

⑥再拿出加法控制表来检验答案是否正确。

⑦确认无误后，用同样的方法做算式盒里的其他算式。

⑧完成后收回教具和工作毯。

● 加法练习表三

①取来加法练习表三、加法算式盒、草稿纸、笔，将加法练习表三摆在桌面中间位置，加法算式盒摆在上面，草稿纸和笔摆在练习表三右侧。

②从加法算式盒中取出一个算式，例如4+4。

③在草稿纸上誊抄这个算式，用加法练习表三找出答案。

④加法练习表三左侧第一列有红色的数字1～9，中间部

分只在左上到右下的对角线上有答案。先在左侧找到被加数4，左手食指从4开始横着滑动到末端有答案那一格，再在左侧找到加数4，右手食指从4开始横着滑动到末端有数字那一格；两指同时往中间滑动，直到两指交汇。

⑤ 交汇点的数字8就是答案，把答案8誊写到草稿纸算式的等号后面。如图8.17所示。

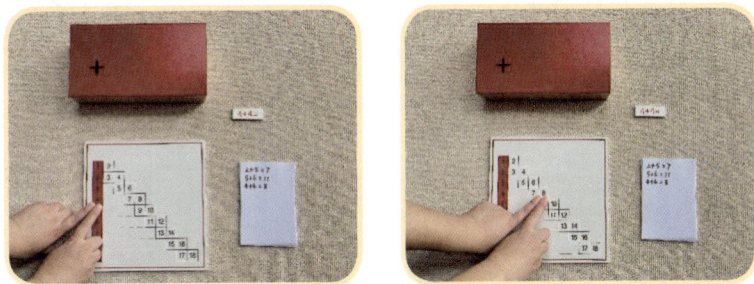

图8.17 加法练习表三做加法4+4=8

⑥ 再拿出加法控制表来检验答案是否正确。

⑦ 确认无误后，用同样的方法做算式盒里的其他算式。

⑧ 完成后收回教具和工作毯。

● 加法空白表

① 取来加法空白表、加法算式盒、草稿纸、笔，将加法空白表摆在桌面中间位置，加法算式盒摆在上面，草稿纸和笔摆在空白表右侧。

② 从加法算式盒中取出一个算式，例如3+8。

③ 在草稿纸上誊抄这个算式，在加法空白表上滑动，填入答案。

④ 加法空白表，在左侧第一列有红色的数字1～9，上面第一行有蓝色的数字1～9，中间部分全是空白格子，需要填入答案。

⑤ 先在上面蓝色数字里找到被加数3，左手食指从3开始向下滑动，再在左侧找到加数8，右手食指从8开始横着滑动；两指同时滑动，直到两指交汇。

⑥ 交汇点的数字11就是答案，从算式盒里找出答案11填入交汇点的空白格中。

⑦ 再把答案11在草稿纸的等号后写下来。如图8.18所示。

图8.18 加法空白表做加法3+8=11

⑧ 拿出加法控制表检验答案是否正确，可以对照着两张表来看，确认无误后，用同样的方法做算式盒里的其他算式。如图8.19所示。

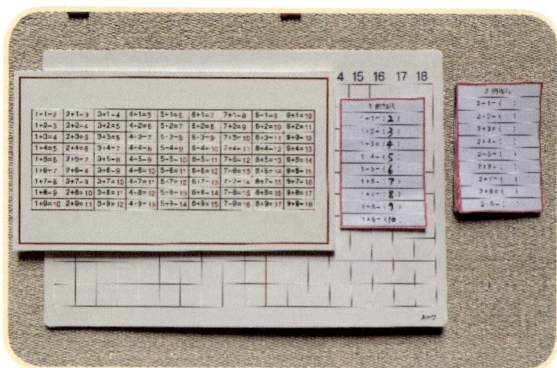

图8.19 用加法控制表检查答案

⑨ 完成后收回教具和工作毯。

练习和拓展

①根据示范，邀请孩子尝试独立操作。
②运用算式盒里的算式，尝试更多的练习。

参考年龄

6～6.5岁。

特别说明

加法表是配合孩子发展抽象思维时引入的抽象的教具，它的前提是有前面所有具体教具的工作经验做铺垫。尤其是到加法空白表这一阶段，孩子会搜索脑海中对基本组合的记忆，到这里距离心算就很近了。

8.4 减法蛇

教具构成

三套彩色串珠1～9。
三套灰色串珠1～9。
一套黑白串珠1～9。
20个金色串珠十。
一个数数片。如图8.20

图8.20 减法蛇教具

所示。

学龄前儿童数学启蒙实战

教具目的

1 练习10的合成和分解。

2 帮助记忆减法的基本组合。

示范操作

● 减法蛇示范一

1 取来减法蛇串珠教具和工作毯，把串珠盒平放在工作毯上，准备开始减法蛇工作。

2 打开盒盖，回顾要用到的串珠，有彩色串珠1~9、黑白串珠1~9和金色串珠十。

3 介绍灰色串珠1~9，灰色串珠是需要拿走、减去的量。从灰色串珠9开始，挨个数出珠子数，接着数灰色串珠8，数完，摆在灰色串珠9下面，直到数完灰色串珠1，呈倒三角形摆放。如图8.21所示。

图8.21 灰色串珠

4 拿出若干根1~9的彩色串珠，中间穿插几根灰色串珠，摆成连起来的蛇形，通过数数来计算减法蛇的结果。

5 拿数数片挨个数数，每数到10，就用数数片插入暂停的位置；把数数片前面的10用一串金色串珠十来代替，数过的彩色串珠收回盒中。

6 数数片后面如果还剩珠子没数到，数数是几，用对应的黑白珠子来代替，将数过的彩色串珠收回盒中。

7 如果碰到灰色串珠，即要减去灰色串珠的量，先数一遍灰色串珠的珠子数，再倒回来往回数相同的珠子数。例

如，灰色串珠是7颗珠子，那就往回倒着数7个，插入数数片，数数片左边剩余的珠子数用黑白串珠代替，数过的灰色串珠和倒回来的彩色串珠或黑白串珠都收回盒中。如图8.22所示。

⑧ 然后从黑白串珠开始数数，包括后面的彩色串珠，数到10就用数数片插入暂停，前面的彩色串珠收回盒中，用金色串珠十来代替，后面如果还剩彩色串珠，用黑白串珠代替，如果没剩就可以拿开数数片，接着数，如果遇到灰色串珠，就需要倒回来数与灰色串珠相同的珠子数。如图8.23所示。

图8.22 数数片左边剩余的珠子数用黑白串珠代替

图8.23 遇到灰色串珠倒回来数数

⑨ 按以上方法，一直数完所有彩色串珠和灰色串珠。

⑩ 数完后，只剩下金色串珠和黑白串珠，得到的数就是减法蛇的结果。

⑪ 完成后收回教具和工作毯。

● 减法蛇示范二

① 取来减法蛇串珠教具和工作毯，把串珠盒平放在工作毯上，准备开始减法蛇工作。

② 把1~9的彩色串珠拿出任意若干根，中间穿插几根灰色串珠，摆成连起来的蛇形。

③ 取前面两个彩色串珠，拿数数片挨个进行数数，如果不到10，就取来相应的黑白串珠，两个彩色串珠收回盒子。

④ 如果超过10，每数到10，就用数数片插入暂停的位置，把数数片前面的10用一串金色串珠十来代替，数过的彩色串珠收回盒中。如图8.24所示。

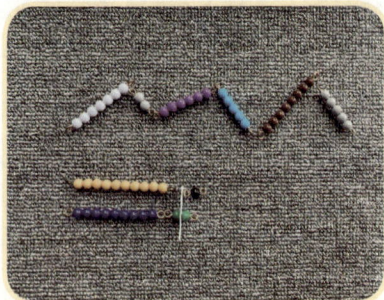

图8.24 取两根减法蛇彩色串珠，数到10时更换成金色串珠十

⑤ 数数片后面如果还剩珠子没数到，数数是几，用对应的黑白珠子来代替，将数过的彩色串珠收回盒中。

⑥ 如果遇到灰色串珠，即要减去灰色串珠的量，先数一遍灰色串珠的珠子数，再倒回来数相同的珠子数。例如，灰色串珠是7颗珠子，那就往回倒着数7个，插入数数片，数数片左边剩余的珠子数用黑白串珠代替，数过的灰色串珠和倒回来的彩色串珠或黑白串珠都收回盒中。

⑦ 然后从黑白串珠开始数数，包括后面的彩色串珠，数到10就用数数片插入暂停，前面的彩色串珠收回盒中，用金色串珠十来代替，后面如果还剩彩色串珠，用黑白串珠代替，如果没剩就可以拿开数数片，接着数，如果遇到灰色串珠，就需要倒回来数与灰色串珠相同的珠子数。

⑧ 按以上方法，一直数完所有彩色串珠和灰色串珠。

⑨ 数完后，只剩下金色串珠和黑白串珠，得到的数就是减法的差。

⑩ 完成后收回教具和工作毯。

● 验算

① 前面示范一和示范二摆出了一条减法蛇，做了减法的游戏，得到了减法的差。

② 现在来做验算的工作，检查减法运算是否正确。

③ 把减法的差金色串珠和减数灰色串珠摆放在一起，竖着隔开一定距离，从大到小依次摆放好，金色串珠在左，灰色串珠在右。

④ 然后把收回盒子里的减法蛇全部取出来，也就是刚才数过的彩色串珠，从大到小依次排列在差和减数的上方。如图8.25所示。

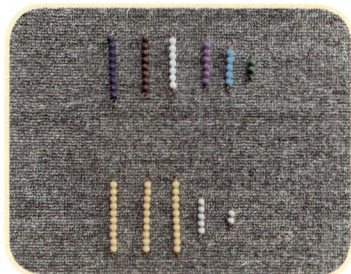

图8.25 被减数排成一排，减数和差排成一排

⑤ 将被减数、减数和差进行配对。

⑥ 从被减数彩色串珠中最大的串珠开始，假设第一个是一个9，往金色串珠十旁边摆放来凑10，还差一个1，在被减数彩色串珠里找。如果有1，刚好拿下来和9凑成10；如果没有1，需要拿被减数里的2去换来两个1，与9凑成10。

⑦ 接着用同样的方式，把被减数的彩色串珠与差的金色串珠全部凑10，和减数的灰色串珠一样，摆放在它们的旁边。

⑧ 最后，被减数的彩色串珠数正好与金色串珠和灰色串珠配对，就得到了验算。

⑨ 被减数彩色串珠，与减法的差金色串珠还有减数灰色串珠一样多，就得到了最后的验算。如图8.26所示。

⑩ 完成后收回教具和工作毯。

图8.26 进行配对验算

练习和拓展

根据示范，邀请孩子尝试独立操作。

参考年龄

5.5~6.5岁。

特别说明

① 减法的被减数、减数以及差，需要都介绍给孩子。

② 减法蛇游戏和加法蛇一样，可以摆成很长的一条蛇形，反复地进行凑10和破10，将10以内的加减法在操作过程中内化到孩子的大脑中，通过验算，还可以进行自我纠错和检验，从而养成良好的学习习惯。

8.5 减法长条板

教具构成

一块横向18格、纵向12格的方格板子，第一行写着数字1~18，其中1~9是黑色，10~18是红色，9和10的中间有一条纵向的黑色分隔线。

木色长条定规尺有1~17，共17条，作为遮数长条。

蓝色长条规尺有1~9，共9条，数字印在右端，作为减数使用。

红色长条规尺有1~9，共9条，数字印在右端，作为差数使用。

减法算式盒，内含100以内的减法算式木板以及方形数字木板。

减法控制表、减法算式配套作业纸、草稿纸和笔。如图8.27所示。

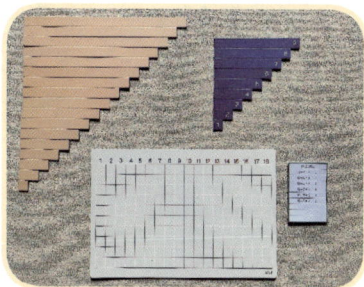

图8.27 减法长条板

1 进一步加强减法的运算能力。

2 为减法的笔算和心算做预备。

示范操作

1 取来减法长条板教具，减法长条板摆在桌面中间位置，左上从上至下依次摆放好17~1的木色长条定规尺，右侧从上至下依次摆放好9~1的蓝色长条规尺。

2 木色长条用来遮挡数字，留下被减数，蓝色长条是减数，例如13-7，可以取木色的长条5，遮住第一行13后面的数字。

3 再取来蓝色的长条7，贴着木色长条板左侧摆放，13-7的结果就是蓝色长条左端的第一个数字，对应着的数字是6，所以差是6，做完后收回长条板。如图8.28所示。

4 再如18-8，第一行最后一个数字是18，不需要木色长条遮挡。减数是8，取来蓝色长条8，摆放在第一行，从数字18开始遮挡，遮掉8个

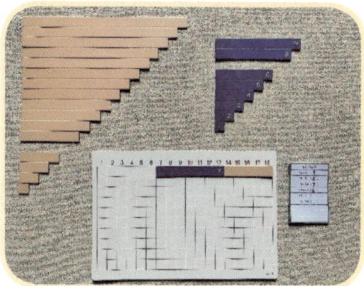

图8.28 用减法长条板做减法13-7=6

数字，左端露出的第一个数字10，就是18-8的结果。

⑤ 使用同样的方法继续做其他的减法运算。

⑥ 完成后收回教具和工作毯。

练习和拓展

① 根据示范，邀请孩子尝试独立操作。

② 运用算式盒里的算式和减法长条板做减法的计算练习，同时把减法的等式写在草稿纸上以锻炼书写，另外需要取来减法控制表做检查，从而养成检验的好习惯。

③ 练习1～18以内任意一个数字的所有组合。

例如10的组合，先取来木色长条8遮挡10后面的数字。

接着，从第一行自上而下左对齐，依次在带格子的第一行摆蓝色长条10，第二行摆蓝色长条9，第三行8，第四行7，第五行6，第六行5，第七行4，第八行3，第九行2，第十行1。

再取来红色的长条1，拼接在第二行蓝色长条9的后面，组成10。

同样，红色长条2拼接在蓝色长条8后面，红色长条3拼接在蓝色长条7后面，一直拼到红色长条9接蓝色长条1。通过减数蓝色长条和差数红色长条的拼接可以看出来：

第一行代表10-10=0，第二行代表10-9=1，第三行代表10-8=2，第四行代表10-7=3，第五行代表10-6=4，第六行代表10-5=5，第七行代表10-4=6，第八行代表10-3=7，第九行代表10-2=8，第十行代表10-1=9。如图8.29所示。

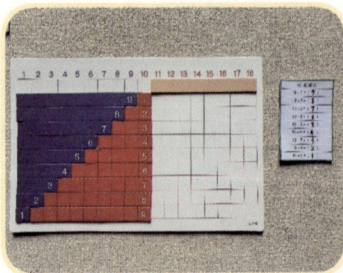

图8.29 用减法长条板做10的减法组合

把这些等式——写在草稿纸上，拿出减法控制表，找到对应的等式检查答案，确认无误后，对着草稿纸上的等式读一遍，加深印象。

④ 练习1~18所有数字的组合。把1~18所有数字的减法组合都列出来，写在草稿纸上，最后取来减法控制表进行检查，确认无误后读一遍纸上所有的等式，加深印象。

参考年龄

5.5~6.5岁。

特别说明

在做任意数字减法组合练习的时候，可以发现一些简单的数字规律。

① 被减数不变，减数和差更换位置，等式依然成立。

② 被减数不变，减数递减，则差会递增。

减法算式盒里的算式可以用自制的一些算式题目卡片来代替。

8.6 减法表

教具构成

减法算式盒、减法控制表、减法练习表、减法空白表、草稿纸和笔。

教具目的

1. 巩固减法的计算能力。
2. 逐步过渡到减法心算。

示范操作

● 减法练习表

1. 取来减法练习表、减法算式盒、草稿纸和笔，将减法练习表摆在桌面中间位置，算式盒摆在上面，草稿纸和笔摆在练习表右侧。

2. 减法练习表上面和右侧红色方格里的数代表被减数，左侧蓝色方格里的数代表减数，减数前面印有减号，中间的数字是答案。

3. 从减法算式盒中取出一个算式，例如15-6。

4. 在草稿纸上誊抄这个算式，用减法练习表找出答案。

5. 先用左手食指在红色方格中找到被减数15，右手食指在蓝色方格中找到减数6。

6. 左手食指从红色15开始向下方滑动，右手食指从蓝色6开始向右方滑动，直到两个手指交汇。

7. 两指交汇的数字是9，所以9就是答案，把答案9誊写到草稿纸算式的等号后面。如图8.30所示。

图8.30 用减法练习表做减法15-6=9

⑧ 再拿出减法控制表来检验答案是否正确。

⑨ 确认无误后，用同样的方法练习算式盒里的其他算式。

⑩ 完成后收回教具和工作毯。

● 减法空白表

① 取来减法空白表、减法算式盒和纸笔，将减法空白表摆在桌面中间位置，算式盒摆在上面，草稿纸和笔摆在空白表右侧。

② 减法空白表上面和右侧红色方格里的代表被减数，左侧蓝色方格里的代表减数，减数前面印有减号，中间部分全是空白格子，需要填入答案。

③ 从减法算式盒中取出一个算式，例如13-8。

④ 在草稿纸上誊抄这个算式，在减法空白表上滑动，用算式盒中的方形数字填入答案。

⑤ 先在上面红色数字里找到被减数13，左手食指从13开始向下滑动；再在左侧蓝色方格里找到减数8，右手食指从8开始横着向右滑动；两指同时滑动，直到两指交汇。

⑥ 交汇点没有数字，需要我们回忆前面做过的练习，熟练地说出这一格的答案是多少，再从算式盒里找出这个答案，填入交汇点的空白格中。这里13-8的答案是5，我们选择5的数字小方块填上去。

⑦ 再把答案5在草稿纸等号后写下来。如图8.31所示。

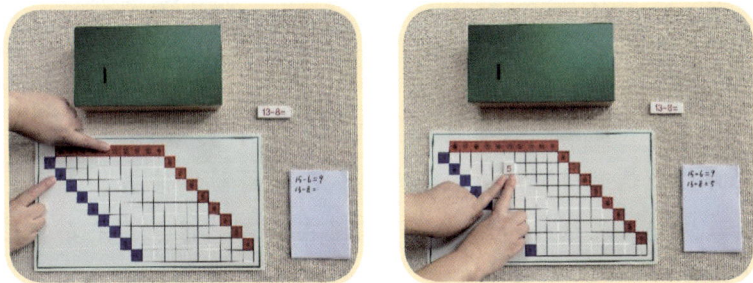

图8.31 用减法空白表做减法13-8=5

8 拿出减法控制表来检验答案是否正确，可以对照着两张表看，确认无误后，用同样的方法做算式盒里的其他算式。如图8.32所示。

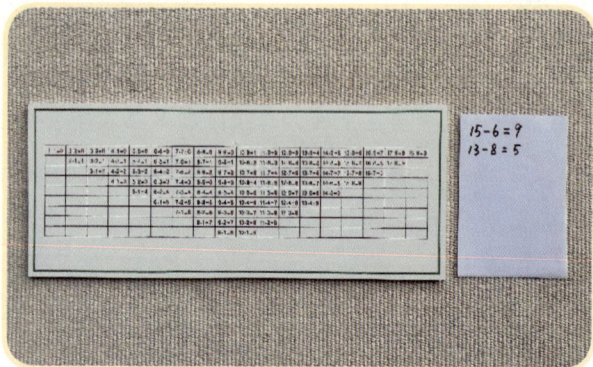

图8.32 用减法控制表检查答案

9 完成后收回教具和工作毯。

练习和拓展

1 根据示范，邀请孩子尝试独立操作。
2 运用减法算式盒里的算式，尝试更多的练习。

参考年龄

6～6.5岁。

特别说明

减法表是配合孩子发展抽象思维时引入的抽象的教具，它的前提是有前面所有具体教具的工作经验做铺垫。尤其是到减法空白表这一阶段，孩子已经在脑海中储存了许多对基本组合的记忆，到这里距离心算就很近了。

8.7 串珠乘法

教具构成

五倍串珠盒，内有彩色串珠1～10各45串，分别装在10个不同的小格子中。

教具目的

1 理解乘法的内涵。

2 理解乘法交换律。

3 熟悉乘法表的基本组合。

示范操作

1 取来五倍串珠盒和工作毯，打开盒盖，介绍教具名称，准备开始串珠乘法的工作。

2 先回顾每种颜色的彩色串珠代表的不同数字。

3 再回顾乘法的本质，是把同一个数拿来几次相加。

4 从五倍串珠盒中取任意一个颜色，例如取粉色的3。

5 先取来1个粉色的串珠3，横着摆放在工作毯中间靠左的位置，3拿来一次，结果还是3，所以再取来1个粉色的3，竖着摆放在上一个3的下面，代表3×1的结果还是3。

6 接着，取两个粉色串珠3，横着对齐摆放在第一个粉色的右侧，代表3拿来了两次，数一遍两个粉色串珠的珠子数，是6，代表3×2的结果是6，所以，取来1个紫色的6，竖着摆放在上两个3的下面。如图8.33所示。

7 用同样的方法，上一排每次都增加一个数，最多拿9

次，把代表结果的金色珠子和彩色珠子竖着摆在下面。

⑧ 最后，得到两排串珠。上一排是3分别乘以1，2，3，4，5，6，7，8，9；下一排是乘法的积，它们分别是3，6，9，12，15，18，21，24，27的串珠。

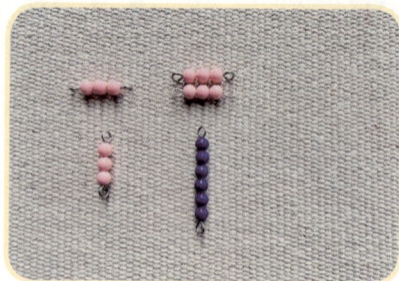

图8.33 串珠3拿来2次就是6

⑨ 根据串珠的排列顺序，依次回顾一遍。3拿来一次，答案是3；拿来两次，答案是6；一直到3拿来9次，答案是27。如图8.34所示。

⑩ 完成后收回教具和工作毯。

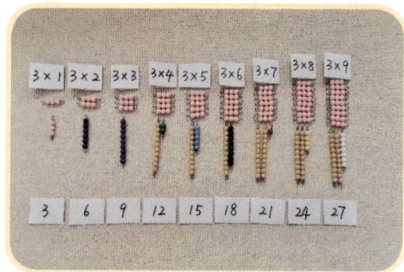

图8.34 串珠3的乘法

练习和拓展

❶ 根据示范，继续练习其他数字的串珠乘法。

❷ 乘以10。

在草稿纸上写下1~9里面的任意一个数字，例如6。

拿出串珠6，乘以10，就是把串珠6拿来10次算总和，依次从上到下排列摆放好，数一数发现一共有60颗珠子，所以在草稿纸上6的后面加上一个0，变为60。

可以练习其他数字，发现乘以10的规律就是在这个数后面补上一个0。

③ 乘法交换律。

在草稿纸上写下一个数字，例如18。

用串珠找到两数相乘的积是18的所有组合，有两个9，三个6，六个3，九个2，把相同两个数的相乘摆放在一起对比，数一数串珠的珠子数，发现结果是一样的。例如两个9和九个2的串珠摆放到一起，也就是乘数和被乘数交换位置，所得到的结果不变。

参考年龄

5.5 ~ 6.5岁。

特别说明

① 串珠乘法与前面学的加法蛇和减法蛇类似，本质都是通过最具象的方式帮助孩子理解乘法。

② 但这个过程不是传统的背诵乘法表那种方式。通过拿取串珠，拿来一次，拿来两次，一开始还是一个个去数，随着工作的深入，孩子会发现其中的规律。

串珠乘法的练习一般要经历四个阶段，例如做串珠7的乘法。

第一个阶段就是一个个地数珠子数。拿一次就是从1数到7；拿两次又从1开始数，数到14；拿三次，又从1开始数，数到21。

第二个阶段，孩子还是数，但这时孩子对7已经很熟悉了。第一个7，他会直接知道是7，不用再数；于是拿来两次的时候，会从7开始数，7，8，9，10，11，12，13，14；拿来三次的时候，还是从7开始数，7，8，9，10，11，12，13，14，15，16，17，18，19，20，21。

第三个阶段还是数，但是孩子会发现：拿来第一次是7，很熟悉了，直接数7；拿来两次的时候，从7开始数，7，8，9……一直到14；拿来三次的时候，可以直接从14开始数了。

到第四个阶段就是找规律了。孩子最后会发现，其实乘法就是每次多拿来一个7，答案就在前面的结果上加上一个7就可以了，不需要一个个去数了。拿来一个7是7；再拿来一个7就是在7上面加上一个7，就是14；再拿来一个7就是在14上面加上一个7，就是21。

这就是孩子自己发现乘法本质的全过程，通过反复练习，他们会发现乘法的规律就是同一个数相加，它是有规律的加法。

但这四个阶段并不是每个孩子都会经历到的，不用给孩子太大的压力，这些规律只有在练习中才会逐渐习得。有些孩子一下子就领会了，并直接跨入第四个阶段；有些孩子可能一直找不到任何规律，这些都是正常的。

鼓励孩子多做练习，勤于思考和探索发现规律，即使自己没有总结出任何规律，他们也会慢慢培养出数学的思维方式，而这个思维方式会让他们受益终身。

8.8 乘法板

一块木板，最上方印有数字1～10，中间部分有100个凹洞。

最左侧中间位置有一个圆形的凹槽，可插入10个长方形数字卡片1～10，表示被乘数。

在乘法板的左上角，有一个红色的圆片，表示乘数。

一盒红色小珠100颗。

乘法算式盒、乘法控制表、乘法作业纸、草稿纸和笔。如图8.35所示。

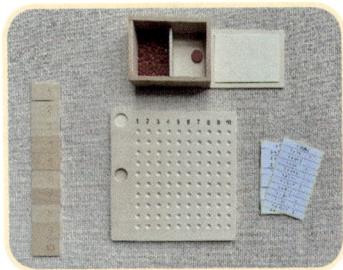

图8.35 乘法板

教具目的

1 直观地感知乘法的含义。

2 提高点数的能力。

3 提高乘法的运算能力。

4 为乘法的笔算和心算做预备。

示范操作

1 取来乘法板整套教具，介绍教具名称，准备用乘法板做乘法运算。

2 把乘法板摆放在桌面中间，选择一个被乘数，例如做6的乘法。

3 把长方形数字卡片6插入左侧中间的槽里，从乘法作业

纸中选出6的乘法算式纸。

④ 第一个算式是6×1，把红色的圆片取来，摆在乘法板最上方的数字1上面，代表乘数是1。

⑤ 接着在1这一列，放入6颗红色的珠子，数一遍珠子数，是6颗，所以答案是6，把6写到乘法作业纸的第一个算式等号后面。

⑥ 接着做第二个，6×2，把红色小圆片挪到乘法板最上方的数字2上面，代表乘数是2。

⑦ 接着在2这一列，再放入6颗红色的珠子，数一遍乘法板上所有的珠子数，是12颗，所以答案是12，把12写到乘法作业纸的第二个算式等号后面。如图8.36所示。

⑧ 用同样的方式，移动圆片的位置，乘数一直进行到10，就是6×10，所有的红色珠子数是60，把60写到乘法作业纸的最后一个算式等号后面。

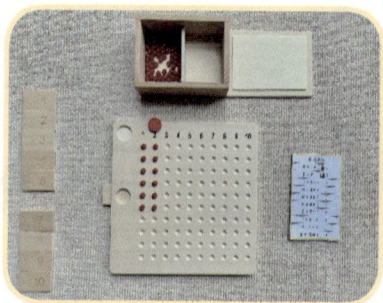

图8.36 用乘法板做乘法6×2=12

⑨ 乘法作业纸所有关于6的乘法填写完后，拿取乘法控制表，对照着检查所有的答案，确认无误后按顺序读一遍作业纸上的等式。

⑩ 完成后收回教具和工作毯。

练习和拓展

① 根据示范，邀请孩子尝试独立操作。

② 运用乘法算式作业纸和乘法板，练习九九乘法表内的

计算，做完时要取乘法控制表来检查，可以让孩子独立完成和检查，从而养成检验的好习惯。

参考年龄

6～6.5岁。

特别说明

① 乘法的被乘数、乘数叫作因数，它们的结果叫作积，这些都需要介绍给孩子。

② 乘法算式盒里面的算式可以用自制的一些题目卡片来代替。

③ 随着数学启蒙慢慢深入，有的孩子并没有总结出什么规律，甚至连基本的操作也要花很长时间去独立完成，这都是正常的。在下一项练习开始之前，前一项练习就是做好预备，家长需要为孩子提供合适的练习，如果时机还不成熟，家长可以退回去看简单点的，或者等待一段时间再看。

8.9 乘法表

教具构成

乘法算式盒、乘法控制表、乘法练习表一、乘法练习表二、乘法空白表、草稿纸和笔。

教具目的

① 巩固乘法的计算能力。

② 逐步过渡到乘法心算。

示范操作

● 乘法练习表一

❶ 取来乘法练习表一、乘法算式盒、草稿纸和笔，将乘法练习表一摆在桌面中间位置，乘法算式盒摆在上面，草稿纸和笔摆在练习表一右侧。

❷ 从乘法算式盒中取出一个算式，例如2×8。

❸ 在草稿纸上誊抄这个算式，用乘法练习表一找出答案。

❹ 乘法练习表一上面一排的蓝色数字代表被乘数，左侧一列红色数字代表乘数，左手食指从蓝色1开始滑动，找到被乘数2，右手食指从红色1开始滑动，找到乘数8，再同时向表内滑动，直到两个手指交汇。

❺ 两指交汇的数字是16，所以16就是答案，把16誊写到草稿纸算式的等号后面。如图8.37所示。

图8.37 用乘法练习表一做乘法2×8=16

❻ 再拿出乘法控制表来检验答案是否正确。

❼ 确认无误后，用同样的方法做算式盒里的其他算式。

❽ 完成后收回教具和工作毯。

● 乘法练习表二

❶ 取来乘法练习表二、乘法算式盒、草稿纸和笔，将乘

法练习表二摆在桌面中间位置，乘法算式盒摆在上面，草稿纸和笔摆在练习表二右侧。

②从乘法算式盒中取出一个算式，例如5×6。

③在草稿纸上誊抄这个算式，用乘法练习表二找出答案。

④乘法练习表二左侧第一列有红色的数字1～9，中间部分只在左下角有答案。先在左侧找到被乘数5，左手食指横着滑动到末端；再在左侧找到乘数6，右手食指横着滑动到左手食指停留的那一列；左手食指再滑下来，直到两个手指交汇。

⑤交汇点的数字30就是答案，把30誊写到草稿纸算式的等号后面。如图8.38所示。

图8.38 用乘法练习表二做乘法5×6=30

⑥再拿出乘法控制表来检验答案是否正确。

⑦确认无误后，用同样的方法做算式盒里的其他乘法算式。

⑧完成后收回教具和工作毯。

● 乘法空白表

①取来乘法空白表、乘法算式盒、草稿纸和笔，将乘法空白表摆在桌面中间位置，乘法算式盒摆在上面，草稿纸和笔摆在空白表右侧。

②从乘法算式盒中取出一个算式，例如4×4。

③在草稿纸上誊抄这个算式，在乘法空白表上滑动，填

入答案。

4 乘法空白表左侧第一列有红色的数字1~9，在上面第一行有蓝色的数字1~9，中间部分全是空白格子，需要填入答案。

5 先在上面蓝色数字里找到被乘数4，左手食指从4开始向下滑动；再在左侧找到乘数4，右手食指从4开始横着滑动；两指同时滑动，直到两个手指交汇。

6 交汇点的数字16就是答案，从算式盒里找出答案16填入交汇点的空白格中。

7 再把16在草稿纸等号后写下来。如图8.39所示。

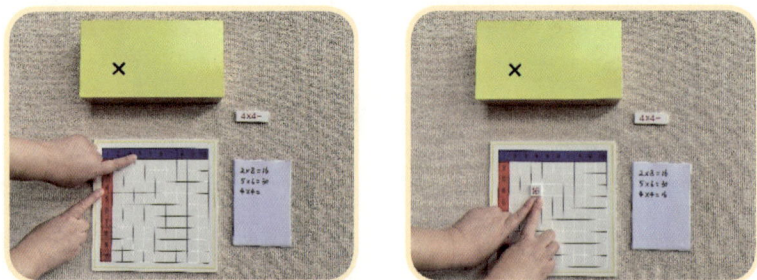

图8.39 用乘法空白表做乘法4×4=16

8 拿出乘法控制表来检验答案是否正确，可以对照着两张表来看，确认无误后，用同样的方法做算式盒里的其他乘法算式。如图8.40所示。

9 完成后收回教具和工作毯。

练习和拓展

1 根据示范，邀请孩子尝试独立操作。

图8.40 用乘法控制表检验答案

2 运用乘法算式盒里的乘法算式，尝试更多的练习。

6～6.5岁。

特别说明

1 乘法练习表一和乘法练习表二的错误控制就是乘法控制表。

2 除法是乘法的逆运算，把乘法练习熟练之后，再接触除法就不会太难。

8.10 除法板

教具构成

一块除法板，最上面的绿色区域印有数字1～9，数字下面有9个凹槽，可放置1～9的绿色除法小人，用来代表除数；最左边有垂直排列的数字1～9，代表被除数，数字后面每行都有9个凹槽，一共有81个凹槽。

一盒绿色小珠100颗。

除法算式盒、除法控制表、除法作业纸、草稿纸和笔。如图8.41所示。

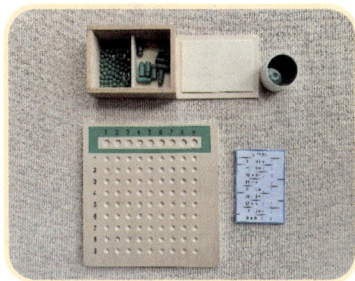

图8.41 个位除法板

教具目的

1 理解除法就是平均分配。

② 提高除法的运算能力。

③ 为除法的笔算和心算做预备。

示范操作

① 取来除法板整套教具，介绍教具名称，准备用除法板做除数是个位数的除法运算。

② 把除法板摆放在桌面中间，先回顾邮票游戏的做法，用绿色的小人代表除数，而除法板最上面的一行，绿色数字1～9下面的凹槽里可放入同样的绿色小人做除数。

③ 绿色小珠子代表被除数，左侧第一列的数字1～9是除法的答案，叫作商。

④ 选择一个被除数，例如18，做被除数是18的除法。

⑤ 拿出除法算式纸，上面列着18÷9一直到18÷1的算式，被除数全部是18，除数是数字9～1。

⑥ 取18颗绿色小珠子装到小碗里，第一个算式除数是9，摆放9个小绿人到上面的除数凹槽里，跟孩子介绍除法是要把这18颗珠子平分给9个小绿人，每个小绿人得到的珠子一样多，看看最后答案是多少。

⑦ 分的时候，一颗颗地给小绿人分配，每人分到一颗后，再分第二颗，分到最后小碗里没有珠子了，余数是0，然后把结果2誊写到算式等号后面。如图8.42所示。

⑧ 接着做其他除数的

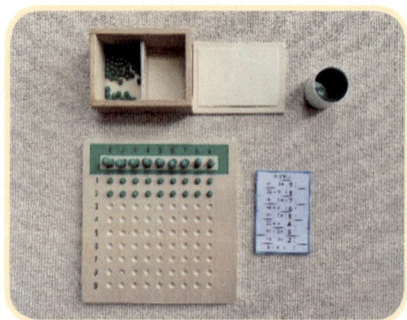

图8.42 除法板做除法18÷9=2

除法，如果碰到不够平均分的小珠子，要放回小碗里，它们就是余数。例如，第二个算式18÷8，每个小绿人分得2颗绿色小珠子后，还剩2颗不够分了，这时2就是余数。

⑨ 一直做完纸上的算式，把所有余数为0的等式都画上横线，它们就是除法的基本组合。

⑩ 完成后收回除法板教具和工作毯。

练习和拓展

① 除法的基本组合。

个位除法板可以做到81，所以下面继续从81作为被除数开始，练习除数从9～1；接着练习80作为被除数，一直递减做下去。同样把所有余数为0的等式都画上横线，画横线的等式都是除法的基本组合，让孩子都抄写在草稿纸上。

② 探索除法和乘法之间的关系。

写下一个算式，再在个位除法板上算出答案，例如12÷3。

12是被除数，3是除数，需要放上3个小绿人，将12颗小珠子平均分给3个小绿人，每个人得到4颗。

要让孩子注意到除法和乘法的关系，再拿出除数3和商4的彩色串珠做乘法，得到前面除法的被除数12。

然后把商4和除数3进行交换，再用个位除法板来计算一次。

12是被除数，4是除数，需要放上4个小绿人，将12颗小珠子平均分给4个小绿人，每个人得到3颗。

拿除数4和商3对应的彩色串珠做乘法。观察一下珠子的变化，可以看到除法和乘法是逆运算的关系。

最后都需要拿除法控制表来检验。

参考年龄

6～6.5岁。

特别说明

❶ 这里介绍的是个位除法板，只能做除数是个位的除法。

❷ 除法的被除数、除数以及它们的结果是商，都需要介绍给孩子。

❸ 除法算式盒里面的算式可以用一些自制的题目卡片来代替。

8.11 除法表

教具构成

除法算式盒、除法控制表、除法练习表、除法空白表、草稿纸和笔。

教具目的

❶ 巩固除法的计算能力。

❷ 逐步过渡到除法心算。

示范操作

● **除法练习表**

① 取来除法练习表、除法算式盒、草稿纸和笔，将除法练习表摆在桌面中间位置，除法算式盒摆在上面，草稿纸和笔摆在练习表右侧。

② 从除法算式盒中取出一个算式，例如$56 \div 8$。

③ 在草稿纸上誊抄这个算式，用除法练习表找出答案。

④ 除法练习表最上面一行的蓝色数字是被除数，左侧第一列的数字都是除数，前面有除号，中间部分的数字是答案。先在最上面一行找到被除数56，右手食指向下滑动；再在左侧找到除数8，左手食指向右滑动，直到两指交汇。

⑤ 交汇点的数字7就是答案，把答案7誊写到草稿纸算式的等号后面。如图8.43所示。

图8.43 用除法练习表做除法$56 \div 8 = 7$

⑥ 再拿出除法控制表来检验答案是否正确。

⑦ 确认无误后，用同样的方法做算式盒里的其他除法算式。

⑧ 完成后收回教具和工作毯。

● **除法空白表**

① 取来除法空白表、除法算式盒、草稿纸和笔，将除法空白表摆在桌面中间位置，除法算式盒摆在上面，草稿纸和

笔摆在空白表右侧。

② 从除法算式盒中取出一个算式，例如42÷7。

③ 在草稿纸上誊抄这个算式，在除法空白表上滑动，填入答案。

④ 除法空白表左侧第一列的数字1～9是除数，前面标有除号，在最上面第一行有蓝色的数字代表被除数，中间部分全是空白格子，需要填入答案。

⑤ 先在上面蓝色数字里找到被除数42，右手食指从42开始向下滑动；再在左侧找到除数7，左手食指从7开始向右滑动；两指同时滑动，直到两指交汇。

⑥ 交汇点的数字6就是42÷7的商，从算式盒里找出数字6填入交汇点的空白格中。

⑦ 再把数字6在草稿纸等号后写下来。如图8.44所示。

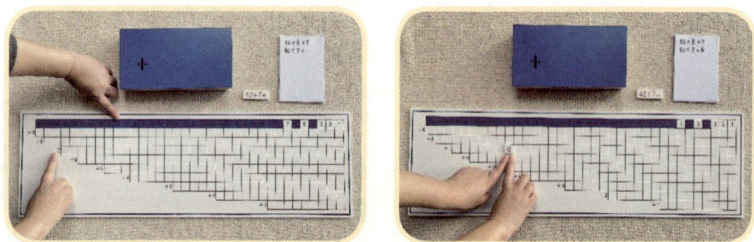

图8.44 用除法空白表做除法42÷7=6

⑧ 拿出除法控制表，检验答案是否正确，可以对照着两张表来看，确认无误后，用同样的方法做算式盒里的其他除法算式。如图8.45所示。

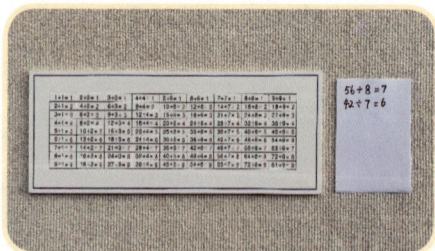

图8.45 用除法控制表检验答案

用⑨完成后收回教具和工作毯。

练习和拓展

① 根据示范，邀请孩子尝试独立操作。

② 运用算式盒里的除法算式，尝试更多的练习。

参考年龄

6～6.5岁。

特别说明

① 对于做过多次除法练习的孩子，可以鼓励他们直接说出答案。

② 在操作过程中，可以回顾乘法的操作，体验乘法和除法的逆运算关系。

③ 孩子刚开始练习除法时，最好加入一定的游戏元素和生活中的应用题，多给孩子练习的机会，以加深印象和增加趣味性。例如，家长抽算式，孩子算得数，或者反过来，孩子抽算式，家长算得数等。

8.12 点的游戏

教具构成

点的游戏配套打点纸和红笔、黑笔各一支。如图8.46所示。

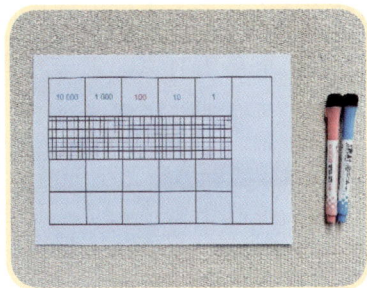

图8.46 点的游戏教具

教具目的

1 练习加减乘法的换位。

2 理解数位之间的关系。

3 加强加减乘法的运算能力。

示范操作

● 加法

1 取来打点纸和红笔、黑笔各一支，准备开始做点的游戏加法。

2 先来看点的游戏打点纸，从左至右分为六个部分，10000是第一格，1000是第二格，100是第三格，10是第四格，1是第五格，它们分别代表万位、千位、百位、十位和个位。下面画有10×10的小空格，小空格下面还有空白的得数栏。最右侧是空白的一部分，用来写被加数、加数以及和的竖式。

3 在右侧空白部分写几个加数，最后一个加数前写加号，例如3521+837+105。

4 接着把这三个数，在左侧的打点纸对应的数位进行打点建构数字。第一个被加数3521，需要在个位打1个点，十位打2个点，百位打5个点，千位打3个点。

5 用黑笔打点，从右上第一格开始，自上而下打点，中间不能空格，打完第一个数，在数字后面画一个小钩，代表完成了它的打点。

6 再打下一个837，个位打7个点，十位打3个点，百位打8个点，在上一个数后面直接打，例如个位3521打了1个点，这里837需要接着再打7个点，个位上就连着有了8个点，

十位上增加3个点，就有了5个点，以此类推。

⑦ 注意如果超过10个点，就得换一列再继续打。

⑧ 接着第三个数105，个位打5个点，十位打0个点，百位打1个点，在上一个数后面直接打。

⑨ 所有的点打完后，进行数点数。个位开始，一共是13个点，十位一共有5个点，百位有14个点，千位有3个点。

⑩ 这时看个位，13个点需要进一位，在十位上增加1个红笔打的点，代表从个位进了一位，个位用黑笔画去打好的10个黑点，再数个位上剩下的点数，是3，所以在个位小格子下方的得数栏里写下数字3。

⑪ 再来看十位，十位上有5个黑色的点，还有1个进位来的红色的点，一共是6个点，不需要进位，所以在十位小格子下方的得数栏里写下数字6。

⑫ 接着看百位，百位有14个点，需要进一位，用红笔在千位最后一个小黑点的后面打上一个红点，代表百位进了一位，再在百位用黑笔画去10个黑点。还剩下4个黑点，所以百位的结果是4，在百位下方得数栏里写下数字4。

⑬ 千位本来有3个黑点，加上1个红点，一共是4个点，所以千位的结果是4，在千位下方得数栏里写下数字4。

⑭ 最后把千位、百位、十位和个位的结果4463写到打点纸右侧最后一个加数下面，上面画一条横线，代表等号。如图8.47所示。

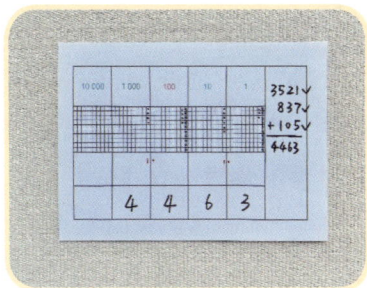

图8.47 点的游戏做加法

⑮ 所以3521+837+105=4463，完成后继续做其他的练习。

⑯ 收回教具和工作毯。

○ 减法

❶ 取来打点纸和红笔、黑笔各一支，介绍准备开始做点的游戏减法。

❷ 先来看点的游戏打点纸，从左至右分为六个部分，10000是第一格，1000是第二格，100是第三格，10是第四格，1是第五格，它们分别代表万位、千位、百位、十位和个位。下面画有10×10的小空格，小空格下面还有空白的得数栏。最右侧是空白的一部分，用来写被减数、减数以及差的竖式。

❸ 在右侧空白部分写下一个被减数和一个减数，减数前写下减号。例如5834-955。

❹ 先用打点建构被减数5834，在打点纸左侧对应的数位进行打点。5834，需要在个位打4个点，十位打3个点，百位打8个点，千位打5个点。

❺ 用黑笔进行打点，从右上第一格开始，自上而下打点，中间不能空格。

❻ 打好之后，再来看减数955，减数是需要减去的量，要在个位减去5个点，十位减去5个点，百位减去9个点。

❼ 从个位开始，个位上有4个黑点，需要减去5个，不够减，需要找高一位的十位借1，于是在十位用红笔画去1个点，在个位增加10个点。

❽ 个位上就有14个点了，画去5个，数剩下的点数，是9个，所以个位的得数是9，写入个位的得数栏。

❾ 再来看十位，十位上本来有3个点，画去1个，还剩2个，现在要减去5个点，不够减，向百位借1，百位画去1个

点，十位增加10个点，得到12个点，再画掉5个，数剩余的点是7个，把7写入十位得数栏。

⑩ 百位上本来是8个点，前面借走了1个，还剩7个，现在要减去9个，不够减，找千位借1，千位画去1个点，百位增加10个点，得到17个点，再画掉9个，数剩余的点是8个，把8写入百位得数栏。

⑪ 千位还剩4个点，把4写入千位得数栏。

⑫ 最后把千位、百位、十位和个位的结果4879写到打点纸右侧减数下面，上面画一条横线，代表等号。如图8.48所示。

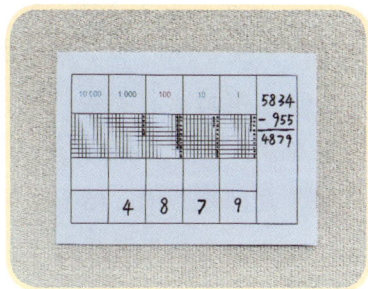

图8.48 点的游戏做减法

⑬ 所以5834-955=4879，完成后继续做其他的练习。

⑭ 收回教具和工作毯。

● 乘法

① 取来打点纸和红笔、黑笔各一支，准备开始做点的游戏乘法。

② 先来看点的游戏打点纸，从左至右分为六个部分，10000是第一格，1000是第二格，100是第三格，10是第四格，1是第五格，它们分别代表万位、千位、百位、十位和个位。下面画有10×10的小空格，小空格下面还有空白的得数栏。最右侧是空白的一部分，用来写被乘数、乘数以及积的竖式。

③ 在右侧空白部分写下被乘数和乘数，乘数前写下乘号。例如625×3。

④ 先用打点建构被乘数625，在打点纸左侧对应的数位进

行打点。625，需要在个位打5个点，十位打2个点，百位打6个点。

⑤ 用黑笔进行打点，从右上第一格开始，自上而下，中间不能空格。

⑥ 打好之后，再看乘数是3，乘以3就是把被乘数625拿来3次，即再继续打点两次625，个位增加5个点，十位增加2个点，百位增加6个点，连着打两次。

⑦ 所有的点打完后，进行数点数。从个位开始，一共有15个点，十位一共有6个点，百位有18个点。

⑧ 这时看个位，15个点需要进一位，在十位上增加1个红笔打的点，代表从个位进了一位，个位用黑笔画去10个打好的黑点，再数个位上剩下的点数是5，所以在个位小格子下方的得数栏里写下数字5。

⑨ 再来看十位，十位上有6个黑色的点，还有1个进位来的红色的点，一共是7个点，不需要进位，所以在十位小格子下方的得数栏里写下数字7。

⑩ 接着看百位，百位有18个点，需要进一位，用红笔在千位最后一个小黑点的后面打上一个红点，代表百位进了一位，再在百位用黑笔画去10个黑点。还剩下8个黑点，所以百位的结果是8，在百位下方得数栏里写下数字8。

⑪ 千位本来有0个黑点，加上1个红点，一共是1个点，所以千位的结果是1，在千位下方得数栏里写下数字1。

⑫ 最后把千位、百位、十位和个位的结果1875写到打点纸右侧乘数下面，上面画一条横线，代表等号。如图8.49所示。

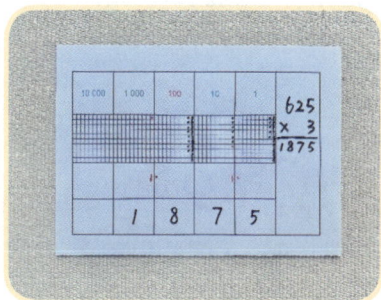

图8.49 点的游戏做乘法

⑬ 所以625×3=1875，完成后继续做其他的练习。

⑭ 收回教具和工作毯。

练习和拓展

① 根据示范，邀请孩子尝试独立操作。

② 尝试一些带0的数字运算，练习隔一位的换位。

参考年龄

5.5～6.5岁。

特别说明

① 事先可以准备一些自制题卡纸，或者邀请孩子写任意数字出题，但注意不超过万位。

② 打点和点数的工作示范完后，尽量邀请孩子自己动手练习。

③ 点的游戏不能做除法运算。

第9章
通往抽象

　　抽象思维是人类的高级思维，属于理性认知阶段的思维。但抽象思维不是凭空而来的，需要我们在大量感性材料和感性认知的基础之上，逐步分析、综合，抽离出事物的本质，最终使具体上升为抽象。它一定是在社会的实践基础上形成的，这样才科学而又符合逻辑。

　　这一章讲述通往抽象，实际上离真正的抽象数学还有一段距离。但它依然是依托教具，慢慢地帮助孩子发展其抽象思维，使孩子有所改变。

　　虽然孩子的年龄逐渐增长，前面也做了很多具体教具的铺垫，但是不同的孩子在数学能力上仍然有着明显的差距和不同。有些孩子很喜欢操作这些教具，并且领悟得非常快；而有些孩子，则不是那么感兴趣。这些都是正常的现象。我们学习数学，更重要的是培养孩子独立思考的能力和习惯，以及主动探索的精神，而不在于做出几道题的正确答案，更不是为了和同龄孩子比较谁学得快，这一点是要明确的。

　　关于孩子天赋和兴趣的问题，确实不同的孩子存在着很大的差异，有天生的或者环境的原因，但不管什么原因造成了孩子数学能力的发展不平衡，我们能做的就是充分信任孩子，细心观察，接受孩子本来的样子，在最合适的时间把最合适的方法带到他们的面前。并不一定要给每一个孩子做相同的工作，也不是每一项工作都要求每个孩子必须去做。例如，有些教具很明显对孩子来说太简单了，那就完全可以跳过去，尽量从孩子的角度出发，按孩子的兴趣来。

只有在自由选择和自由探索的氛围下，孩子才有可能被激发出内在的好奇心和创造力。他们只有准备好了，才会真正作为一个探索者去看待数学、研究数学，而不是被动地学习数学。

前面介绍了数字1～10、十进制系统、连续数数和记忆数学等练习，已经练习过很多关于数与量的一一对应、四则运算、十进制的数位、数值、换位等数学知识，有银行仓库、邮票游戏、加法蛇、减法蛇、加减乘除法板、点的游戏等运算方式。这与传统的数学运算有很大的差别，从串珠到长条板，再到这一章更为抽象的教具，数学不再是空洞而不可捉摸的，而是实实在在的感知。经过数学教具启蒙的孩子对于这些概念的理解程度之深，是那些直接从抽象数学开始入门学习的孩子完全无法比拟的。数学远远不只是做几道题目那么简单，我们应当把它看作是一种缜密、理性的思考方式，这样学数学才会让孩子大为受益。

这一章的内容开始通往抽象，以便进一步拓展孩子的数学思维，同时打开更为宽阔的数学之门，主要介绍四个教具：算珠小立架、百万箱、算珠大立架和试管除法。

9.1 算珠小立架

教具构成

算珠小立架有四根平行于地面的铁丝，每根铁丝都串着不同颜色的10颗珠子，最上面第一根铁丝上的珠子是绿色，代表个位；第二根铁丝上的珠子是蓝色，代表十位；第三根铁丝上的珠子是红色，代表百位；第四根铁丝上的珠子是绿色，代表千位。

在立架左侧个位写着1，十位写着10，百位写着100，这些底色是白色；千位写着1000，底色是灰色。如图9.1所示。

草稿纸和笔。

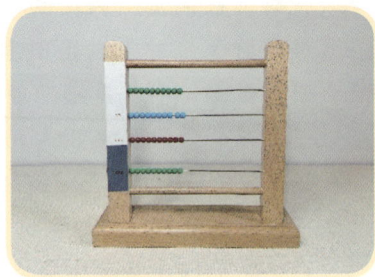

图9.1 算珠小立架

教具目的

1 辅助练习更为抽象的四位数加减法。

2 帮助孩子向心算过渡。

示范操作

● 数数

1 取来算珠小立架，把它摆在桌面上的中间位置，准备开始介绍小立架的数数。

2 数数之前，整理小立架上的珠子，全部排放在左侧，再介绍小立架左边的数字，从上到下表示的是从个位到千

位，中间不同颜色的珠子，代表不同数位上的数。

③ 从个位开始数珠子，用右手拇指和食指捏住绿色珠子的右边第一颗，往右边滑动，一边滑动一边数1，滑到最右侧；接着滑第二颗，数2……数到第十颗珠子的时候，告诉孩子需要进一位，10个一就是1个十。

④ 再数十位，用右手拇指和食指捏住蓝色珠子的右边第一颗，往右边滑动，一边滑动一边数10，滑到最右侧；接着滑第二颗，数20……数到第十颗珠子的时候，告诉孩子需要进一位，10个十是1个百。

⑤ 再数百位，用右手拇指和食指捏住红色珠子的右边第一颗，往右边滑动，一边滑动一边数100，滑到最右侧；接着滑第二颗，数200……数到第十颗珠子的时候，告诉孩子需要进一位，10个百是1个千。

⑥ 再数千，用右手拇指和食指捏住绿色珠子的右数第一颗，往右边滑动，一边滑动一边数1000，滑到最右侧；接着滑第二颗，数2000……数到第十颗珠子的时候，告诉孩子需要进一位，10个千，就是1个万。

⑦ 全部数完后，把所有珠子从右侧拨到左侧复原。

⑧ 完成后收回教具和工作毯。

● 建构数字

① 取来算珠小立架，把它摆在桌面上的中间位置，准备开始介绍小立架的建构数字。

② 这里的建构数字类似于邮票游戏的建构数字，听数字，写数字，再建构出来。

③ 在草稿纸上写下一个数，在小立架上正确建构，例如5691。

④ 5691，需要在第一排个位从左向右滑动1颗绿色珠子，代表1；第二排十位从左向右滑动9颗蓝色珠子，代表90；第三排百位从左向右滑动6颗红色珠子，代表600；第四排千位从左向右滑动5颗绿色珠子，代表5000。

⑤ 建构完成后，把所有珠子从右侧拨到左侧复原。如图9.2所示。

⑥ 收回教具和工作毯。

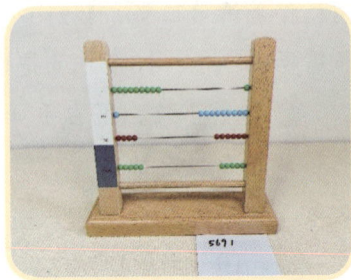

图9.2 用算珠小立架建构数字5691

● 加法

① 取来算珠小立架、草稿纸和笔，准备用算珠小立架进行加法运算。

② 在草稿纸上，上下对齐写下两个数字3736+4296的竖式，用算珠小立架建构第一个数3736。

③ 建构6个一、3个十、7个百、3个千，即第一行右移6颗珠子，第二行右移3颗珠子，第三行右移7颗珠子，第四行右移3颗珠子。如图9.3所示。

④ 建构完第一个数之后，来看第二个数4296，即4个千、2个百、9个十、6个一。

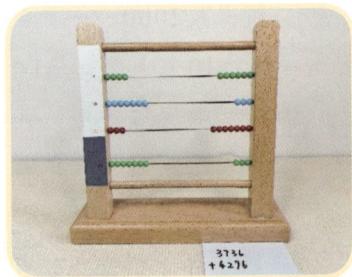

图9.3 用算珠小立架建构被加数3736

⑤ 从个位开始做加法，增加到第4颗珠子，需要进一位，把10颗绿色珠子退回到左侧，在十位上向右滑动1颗，接着在个位上数第5颗，重新滑1颗绿色珠子到右侧，数第6颗，再滑1颗绿色珠子到右侧，个位加完，得数是2。

⑥ 加十位，十位右侧现在有4颗蓝色珠子，要增加9颗，数到第6颗的时候需要进一位，把10颗蓝色珠子退回到左侧，在下面百位向右滑动1颗，然后接着数十位没加完的，第7，8，9颗，在十位向右侧移动3颗珠子，十位加完，得数是3。

⑦ 再用同样的方法，加百位和千位，得数分别是0和8。

⑧ 在草稿纸上的加数下面将个、十、百、千位上的得数写下，得数前面画一条横线代表等号。如图9.4所示。

⑨ 最后得出3736+4296=8032。完成后，把所有珠子从右侧拨到左侧复原。

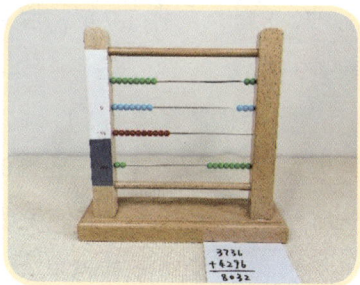

图9.4 用算珠小立架做加法3736+4296=8032

⑩ 收回教具和工作毯。

● 减法

① 取来算珠小立架、草稿纸和笔，准备用算珠小立架进行减法运算。

② 在草稿纸上，上下对齐写下两个数字5581-2478的竖式，用算珠小立架建构第一个数5581。

③ 建构出1个一，8个十，5个百，5个千，即第一行右移1颗珠子，第二行右移8颗珠子，第三行右移5颗珠子，第四行右移5颗珠子。如图9.5所示。

④ 建构完被减数之后，来看减数2478，即减去2个千、4个百、7个十、8个一。

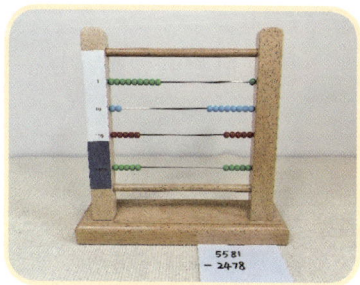

图9.5 用算珠小立架建构被减数5581

⑤ 从个位开始做减法，个位要减去8颗珠子，即把珠子从右向左往回拨。

⑥ 个位上有1个一，减掉它后，就没有1了，需要向高一位借1，把十位右侧的蓝色珠子，向左拨回1颗表示借1，再在个位把左侧的10颗拨到右侧，继续减8颗珠子的第2，3，4，5，6，7，8颗，减掉了7颗，右侧珠子还剩下3颗，所以个位的得数是3。

⑦ 十位前面借走了1，右侧珠子还剩7颗，现在十位要减7，从右向左拨回7颗珠子，还剩0颗，所以十位的得数是0。

⑧ 再用同样的方法，减百位和千位，得数分别是1和3。

⑨ 在草稿纸上的减数下面，将个、十、百、千位上的得数写下来，得数前面画一条横线代表等号。如图9.6所示。

⑩ 最后得出5581-2478=3103。完成后，把所有珠子从右侧拨到左侧复原。

⑪ 收回教具和工作毯。

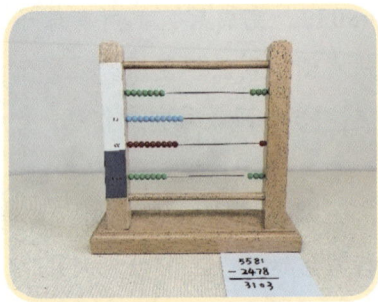

图9.6 用算珠小立架做减法5581-2478=3103

练习和拓展

❶ 根据示范，邀请孩子尝试独立操作。

❷ 尝试一些带0的数字运算，练习隔一位的换位。

6～6.5岁。

特别说明

① 算珠小立架上如果没有珠子，就代表这个数位上要写0。

② 在算珠小立架上能够进行万以内的加减运算，加法和减法互为逆向操作。

③ 学到这里，有些简单的运算，孩子已经可以脱离教具进行心算了，如果还记不住基本组合，可以把记忆数学里的加减法控制表拿过来对照检查。

9.2 百万箱

教具构成

由7个不同颜色、不同大小的几何立体图形组成，它们的体积逐渐由小变大，分别表示：个位的绿色小正方体，十位的蓝色小长方体，百位的红色的正方体，千位的绿色中等正方体，万位的蓝色中等长方体，十万位的红色大正方体，百万位的绿色大正方体。

一套数卡，上面分别印有1，10，100，1000，10000，100000，1000000。如图9.7所示。

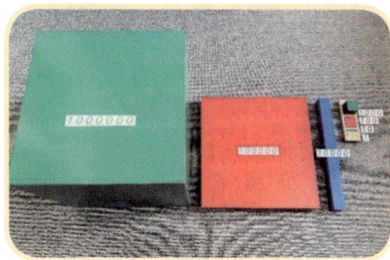

图9.7 百万箱

教具目的

1 感官体验一、十、百、千、万、十万、百万的量。

2 认识一、十、百、千、万、十万、百万的数字符号。

3 掌握一到百万的数字符号与量的一一对应。

示范操作

● 量的介绍

1 取来百万箱和工作毯，把教具从小到大摆放在工作毯上，准备开始百万箱的量的介绍。

2 取来金色串珠十进位教具的一、十、百、千，与百万箱的一、十、百、千做连接。

3 金色串珠的一颗珠子就是百万箱的个位的一个绿色小正方体，十位的一颗珠子就是百万箱的一个蓝色小长方体，百位的一颗珠子就是百万箱的一个红色正方体，千位的一颗珠子就是百万箱的一个绿色中等正方体。

4 接着收回金色串珠教具，拿百万箱的千，去数百万箱里的万，1个千、2个千、3个千、4个千……数到10个千，就是1个万，即那一个蓝色的中等长方体是1个万。

5 再拿1个万，去数百万箱里的十万，1个万、2个万、3个万，数到10个万，就是十万，即那一个红色的大正方体是1个十万。

6 拿1个十万去数百万，1个十万、2个十万、3个十万……数到10个十万，就是百万，即最大的那个绿色正方体是1个百万。

7 介绍完之后，继续使用三段式语言教学法，打乱顺序，邀请孩子辨认百万箱里所有的量，直到认识百万箱里从一到百万所有的量。

8 完成后收回教具和工作毯。

● 数卡的介绍

1 取来百万箱、数卡和工作毯，把教具从小到大摆放在工作毯上，准备开始百万箱数卡的介绍。

2 先回顾1，10，100，1000的数卡，摆在百万箱的一、十、百、千的旁边，一一对应。

3 接着，把10000，100000和1000000这三张数卡从上至下对齐摆放，最上面摆1000000，中间摆100000，下面摆10000。

4 从10000开始介绍，这是一万，有4个0；100000是十万，有5个0；1000000是百万，有6个0。

5 继续使用三段式语言教学法，打乱顺序，邀请孩子辨认一万、十万和百万，直到认识百万箱里从一到百万的所有数卡，分清楚每一个位数有几个0。

● 量与数卡

1 取来百万箱全套教具、数卡和工作毯，准备开始百万箱量与数卡的对应。

2 把教具从小到大摆放在工作毯上，数卡从大到小，从上到下，按顺序排列好。

3 接着，把所有数卡与量做一一对应的摆放，从个位到千位，比较简单，和前面学过的金色串珠教具类似。

4 然后找到10000的数卡，找到百万箱一万的量，即蓝色的中等长方体，两者对应摆在一起，告诉孩子，它们是一样的。

5 用同样的方式把100000的数卡和十万的量，1000000的数卡和百万的量摆放在一起。

6 再全部回顾练习，直到对百万箱的量与数卡非常熟悉。

7 完成后收回教具和工作毯。

练习和拓展

1 根据示范，邀请孩子尝试独立操作。

2 练习颜色和形状的分组。

参考年龄

5.5～6.5岁。

特别说明

1 百万箱的实物非常重且占地方，要腾出足够大的地方进行练习。

2 通过教具认识万、十万和百万这样的超大数字是形象而具体的，在日常生活中非常难找到类似的物品来替代和解释这些量。

9.3 算珠大立架

算珠大立架有七根平行于地面的铁丝，每根铁丝都串着不同颜色的10颗珠子，最上面第一根铁丝上的珠子是绿色，代表个位；第二根铁丝上的珠子是蓝色，代表十位；第三根铁丝上的珠子是红色，代表百位；第四根铁丝上的珠子是绿色，代表千位；第五根铁丝上的珠子是蓝色，代表万位；第六根铁丝上的珠子是红色，代表十万位；第七根铁丝上的珠子是绿色，代表百万位。

在立架左侧从上至下，个位写着1，十位写着10，百位写着100，这些底色是白色；千位写着1000，万位写着10000，十万位写着100000，底色是灰色；最后一排是百万位，写着1000000，底色是深灰色。如图9.8所示。

配套作业纸和笔。

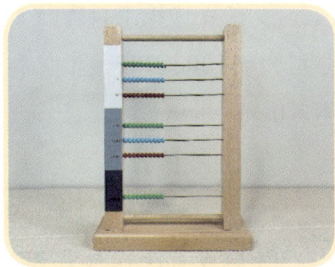
图9.8 算珠大立架

教具目的

1 辅助练习更为抽象的七位数运算。

2 帮助孩子向心算过渡。

示范操作

算珠大立架的数数、建构数字、加法和减法与小立架的示范基本一致，只是增加了几位数，可以参照小立架的示范操作。

● 不带0的书写

这是关于算珠大立架的配套作业纸的示范。

1 取来算珠大立架、作业纸和笔，准备介绍作业纸不带0的书写。

2 让孩子注意区分纸上的颜色，纸上一共有7条竖线，分别代表个位、十位、百位、千位、万位、十万位、百万位，每条线的颜色也和算珠大立架的颜色一一对应。

3 最右边的一条是绿色，代表个位，将数字1~9从上至下写在第一条绿线上。写一个数，在算珠大立架上从左向右同步滑动一颗珠子。

4 接着写十位，9后面是10，顺着下来左移一条线，在蓝色的线上接着写1，因为在十位上只能写1，而不带0的写法，个位不需要写0。

⑤ 在百位线上接着写数字1~9，分别代表100~900，十位和个位不需要写0。

⑥ 以同样的方式写完千位、万位、十万位和百万位。如图9.9所示。

⑦ 完成后收回教具和工作毯。

● 带0的书写

① 取来算珠大立架、作业纸和笔，准备介绍作业纸带0的书写。

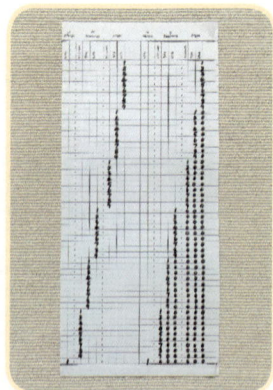

图9.9 不带0的书写

② 让孩子注意区分纸上的颜色，纸上一共有7条竖线，分别代表个位、十位、百位、千位、万位、十万位、百万位，每条线的颜色也和算珠大立架的一一对应。

③ 最右边的一条是绿色，代表个位，将数字1~9从上至下写在第一条绿线上。写一个数，在算珠大立架上从左向右同步滑动一颗珠子。

④ 接着写十位，9后面是10，顺着下来左移一条线，在蓝色的线上接着写1，因为在十位上只能写1，而带0的写法，就是在同一行的个位上添上1个0。

⑤ 在百位线上接着写数字1~9，十位和个位需要写上0，分别代表100~900。

⑥ 以同样的方式写完千位、万位、十万位和百万位。如图9.10所示。

⑦ 完成后收回教具和工作毯。

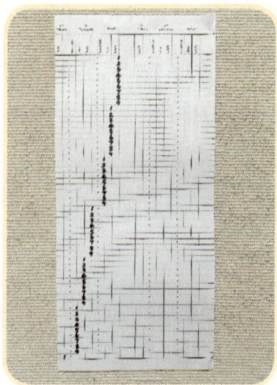

图9.10 带0的书写

● 乘法

① 取来算珠大立架、作业纸和笔，准备介绍算珠大立架乘法的运算。

② 在作业纸上对应的数位线上写下数字1，2，3，4，1，5，3，这是被乘数，假设乘数是3，在作业纸的第二行写上乘号和数字3，即1234153×3。如图9.11所示。

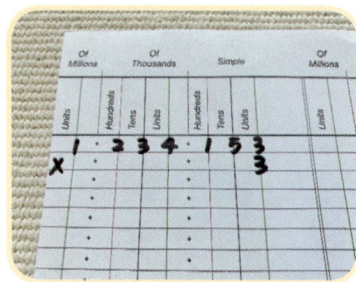

图9.11 用算珠大立架建构被乘数1234153（左），在作业纸上书写（右）

③ 从个位开始做乘法，个位是3×3，所以在个位建构9颗珠子，移动9颗绿色珠子到最右侧，个位的得数是9。

④ 十位5×3=15，在百位建构1颗珠子代表100，在十位建构5颗珠子，代表50，十位的得数是5。

⑤ 百位1×3=3，在百位建构3颗珠子，与已有的1颗相加，百位上一共是4颗珠子，百位的得数是4。

⑥ 千位4×3=12，在万位建构1颗珠子代表10000，在千位建构2颗珠子，代表2000，千位的得数是2。

⑦ 万位3×3=9，在万位建构9颗珠子代表90000，与已有的1颗珠子相加，需要进一位，在十万位建构1颗珠子，而万位的10颗要拨回到最左侧，万位剩下0颗珠子，万位的得数是0。

⑧ 十万位2×3=6，在十万位建构6颗珠子代表600000，

与已有的1颗珠子相加，十万位一共是7颗珠子，得数是7。

⑨ 百万位1×3=3，在百万位建构3颗珠子代表3000000，百万位是3颗珠子，得数是3。

⑩ 在作业纸上乘数下面将个、十、百、千、万、十万、百万位上的得数写下来，得数前面画一条横线代表等号，最后得出1234153×3=3702459。如图9.12所示。

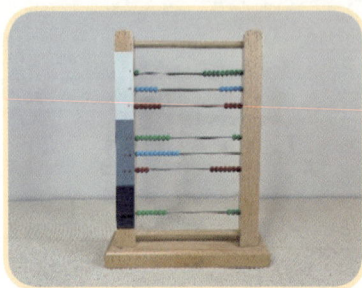

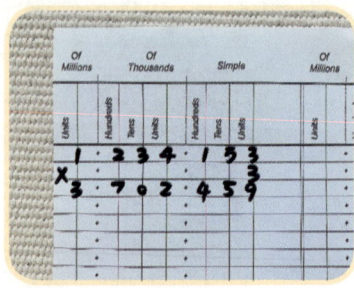

图9.12 用算珠大立架做乘法1234153×3=3702459（左），在作业纸上书写（右）

⑪ 完成后，把所有珠子从右侧拨到左侧复原，继续练习其他的乘法算式。

⑫ 收回教具和工作毯。

练习和拓展

❶ 根据示范，邀请孩子尝试独立操作。

❷ 尝试一些带0的数字运算，练习隔一位的换位。

参考年龄

6～6.5岁。

特别说明

① 如果把算珠大立架放倒，横着摆放，它和我们熟悉的算盘就很像了，只不过算盘是五进制，而算珠大立架是十进制。

② 到这一步，其实孩子可以发现，从四位数到七位数的加减乘除法运算并没有太大区别，它们在本质上是一样的。

③ 算珠大立架不可以做除法，专门用来做除法的教具是试管除法。

9.4　试管除法

教具构成

由30支绿色试管、20支蓝色试管和20支红色试管组成，每个试管里面有10颗颜色与试管颜色相同的小珠子。

一个木制插板，左侧有10个底色是深灰色的插槽，用来插放百万位绿色试管；中间有30个底色是灰色的插槽，分别用来插放十万位红色、万位蓝色和千位绿色的试管；右侧有30个底色是白色的插槽，分别用来插放百位红色、十位蓝色和个位绿色的试管。

7个大小一样的小碗，1个外部是黑色、内部是绿色代表百万位；其他6个外部都是白色，内部红色、蓝色、绿色的各2个，分别代表十万位和百位、万位和十位、千位和个位。

四块除法板：个位除法板、十位除法板、百位除法板、千位除法板，分别用来做除数是个位数、十位数、百位数和千位数的除法运算。

绿色小人、蓝色小人和红色小人若干个，代表除数的个数。如图9.13所示。

草稿纸和笔。

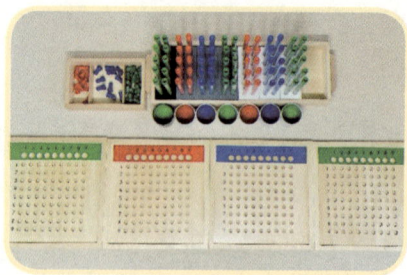

图9.13 试管除法

教具目的

1 进一步对除法进行抽象化理解。

2 辅助练习更为抽象的被除数为七位数的除法。

3 帮助孩子逐步向心算过渡。

示范操作

1 取来试管除法教具，摆在桌面上，将个位除法板摆在中间靠下的位置，7个小碗按从高位到低位的顺序排成一排，摆在除法板上方，试管及插槽摆在小碗上方，准备做除数是个位数、被除数是七位数的除法运算。

2 在草稿纸上写下一个除法算式4453824÷4，回顾除法是把一个数平均地分成几份，每一份分得的一样多，这里就是把4453824平均分成4份，看看每一份得到多少。

3 在7个小碗中用试管里的珠子建构被除数4453824，即4个百万、4个十万、5个万、3个千、8个百、2个十、4个一。

4 从对应的试管里取出珠子，第一个百万位小碗放入4颗绿色珠子，第二个十万位小碗放入4颗红色珠子，第三个万位小碗放入5颗蓝色珠子，第四个千位小碗放入3颗绿色珠子，第五个百位小碗放入8颗红色珠子，第六个十位小碗放入2颗蓝色珠子，第七个个位小碗放入4颗绿色珠子，建构完成。

⑤ 取来代表除数4的4个绿色小人，摆放在个位除法板的最上一排小圆槽里。如图9.14所示。

⑥ 除法从高位开始分配，先分百万位。百万位小碗里有4颗珠子，平分给4个小人，每人分得1颗，正好分完，所以百万位得数是1，在草稿纸算式的等号后写下百万位的得数1。

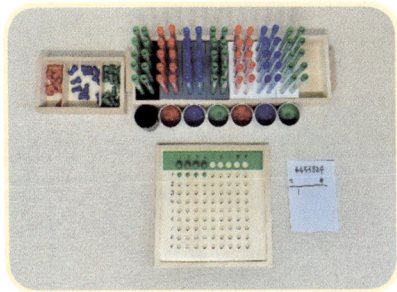

图9.14 用试管除法建构除法算式
4453824÷4

⑦ 再分十万位。十万位小碗里也是4颗珠子，平分给4个小人，每人正好分得1颗，所以十万位得数是1，在草稿纸上算式的等号后再写下十万位的得数1。

⑧ 继续分万位。万位小碗里是5颗珠子，平分给4个小人，每人分得1颗后，还多出1颗不够分，把这一颗珠子放入低一位的千位小碗中。万位分完，得数是1，在草稿纸上算式的等号后再添上万位的得数1。

⑨ 分千位。千位小碗里本来是3颗珠子，前面万位没分完的1颗到了千位，需要把它更换成10颗珠子，于是把万位的那颗珠子收回万位试管，换成10颗千位珠子；取来后，千位一共是13颗，平分给4个小人，每人分得3颗后，还多出1颗不够分了，同样，把它放到低一位百位的小碗中；千位分完，得数是3，在草稿纸上算式的等号后再添上千位的得数3。

⑩ 分百位。百位小碗有8颗珠子，前面千位放过来1颗，现在需要换成百位的10颗，千位的1颗收回去，所以百位有18颗珠子，平分给4个小人，每人分得4颗，还剩2颗不够分，放

到下一个小碗中；百位分完，得数是4，在草稿纸等号后再添上百位的得数4。

⑪ 分十位。十位小碗里有2颗珠子，前面百位放过来2颗，需要换成十位的20颗，百位的那颗收回去，所以十位有22颗珠子，平分给4个小人，每人分得5颗，还剩2颗不够分了，放到下一个个位小碗中；十位分完，得数是5，在草稿纸上算式的等号后再添上十位的得数5。

⑫ 分个位。个位小碗里有4颗珠子，前面十位放过来2颗，需要把这2颗换成个位的20颗，十位的那2颗收回去，所以个位有24颗珠子，平分给4个小人，每人分得6颗珠子，个位分完，得数是6，在草稿纸上算式的等号后再添上个位的得数6。如图9.15所示。

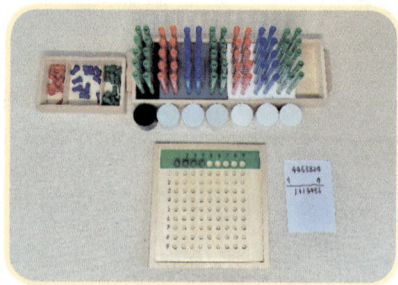

图9.15 用试管除法做除法
4453824 ÷ 4 = 1113456

⑬ 最后，在草稿纸上写出4453824 ÷ 4 = 1113456。完成运算，收回教具和工作毯。

练习和拓展

根据示范，邀请孩子尝试独立操作。

参考年龄

6 ~ 6.5岁。

特别说明

　　试管除法是专门用来做除法运算的教具，它的本质和算珠大立架是一样的，但算珠大立架只能做加法、减法和乘法。

第10章

分　数

前面的内容都是关于整数的数学相关知识，这一章介绍的分数和整数有很大的不同，理解起来会相对难一些，可以说是孩子在数字世界里又一次质的跨越。

虽然分数在读法、写法和用法上都和整数有很大的区别，但是结合实际生活发现，它离我们并不遥远，孩子早已接触过它。例如，理解"一半"这个词的含义时，就是在理解分数了。

这一章涉及的教具有分数小人和圆饼分数，从直观感受上，让孩子清晰地看见、触摸到分数的特征并留下感官印象，初步理解分数的具体含义，为后续分数概念和计算的学习打下基础。

10.1 分数小人

教具构成

　　一个长方形底座，嵌着4个大小一样的分数小人，第一个是完整的圆锥形小人，代表1；第二个是完整小人对半分，每半是1/2；第三个是完整小人平分成3小半，每半是1/3；第四个是完整小人平分成4小半，每半是1/4。还有一套配套的分数投影卡片。如图10.1所示。

图10.1 分数小人和底座（左）与一套配套的分数投影卡片（右）

教具目的

1 初步获得分数的认知体验。

2 感知分数里均分的含义。

3 感知整体与局部的关系。

示范操作

1 取来分数小人教具和工作毯，介绍教具名称，准备开始分数小人的练习。

2 把分数小人和底座取来，摆放在工作毯中间位置，摆放时把代表1的完整小人放在左边。

③ 将所有小人取出，打乱顺序，摆放在工作毯上，依次拼回完整小人。通过观察发现，第一个小人只有一个整体部分，第

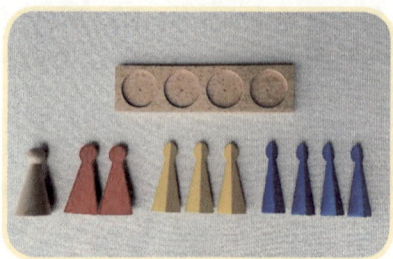

图10.2 分数小人展示图

二个小人由两个部分组成，第三个小人由三个部分组成，第四个小人由四个部分组成，再放回各自相应的小人底座里。如图10.2所示。

④ 将代表1的完整小人拿在手中，触摸和感受完整小人的整体性，告诉孩子这是一个完整的小人，它代表1，再放回。

⑤ 接着，取来第二个小人，用左手握稳小人上部，右手托住底端，摆放在工作毯上，经过观察发现，它被分成了2个大小一样的部分，分别拿在双手中感受一下，然后告诉孩子其中的一半是1/2，另一

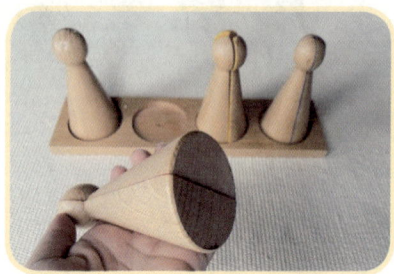

图10.3 分数小人的1/2展示

半也是1/2，再放回去。如图10.3所示。

⑥ 取出第三个小人，同样是托住底部，保持小人的完整性，把它摆放在工作毯上，将其打开，发现它被分成了3个大小一样的部分，拿在手中或摆在工作毯上对比感受一下，告诉孩子这3个部分是一样大的，每一部分都是1/3，它们合起来是1，再放回去。

⑦ 然后，用同样的方式介绍第四个小人，每一小部分是1/4，再放回去。

⑧ 分别拿出一个代表1，1/2，1/3，1/4的小人教具，采用三段式语言教学法，再次介绍它们的名称，帮助孩子建立分数的认知能力，直到他们可以熟练、清晰地说出这是什么。

⑨ 完成后收回教具和工作毯。

练习和拓展

① 根据示范，邀请孩子尝试独立操作。

② 练习分数小人的底部投影卡，找到对应的部分进行摆放。

③ 打乱所有小人顺序，做配对的练习。

④ 比一比二等分、三等分、四等分的大小。

参考年龄

5～6.5岁。

特别说明

① 这里的介绍不需要过多解释分数的概念，主要还是让孩子感官体验分数中整体和局部的关系，以及等分的含义。

② 分数小人等分部分的内侧有不同的颜色区分，是自带的错误控制。

③ 寻找生活中有关分数的实物，例如，把一个苹果切成两半，一张纸剪成两半，其中一半就是1/2，还有切香蕉或比萨等食物的时候，也可以为学习分数做预备。

10.2 圆饼分数

由十个大小相等的绿色正方形嵌板组成，嵌板内部的形状呈圆形，中间装着十个大小相等的红色圆形板，但区别是第一个圆形板是一个完整的圆形，其他九个分别将圆形板进行了二等分、三等分、四等分、五等分、六等分、七等分、八等分、九等分和十等分。圆形板和等分板上都分别有一个握纽。如图10.4所示。

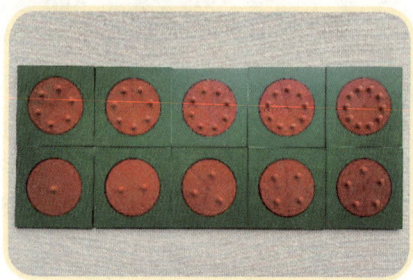

图10.4 圆饼分数

教具目的

1 初步获得分数的认知体验。

2 感知分数里均分的含义。

3 感知整体可以等分成若干个部分。

示范操作

1 取来圆饼分数教具和工作毯，介绍教具名称，把圆饼分数分成两组，按顺序摆放在工作毯上。

2 从一到五等分的圆饼是第一组，六等分到十等分的圆饼是第二组，先看第一组的示范。

3 把第一组取来，按顺序摆放在工作毯的中间位置，摆放时把代表1的完整圆饼放在左边。

④ 将第一组所有的圆饼部分取出，打乱顺序，摆放在工作毯上，依次拼回完整圆饼。通过观察发现，第一个圆饼只有

一个整体部分，第二个圆饼由两个部分组成，第三个圆饼由三个部分组成，第四个圆饼由四个部分组成，第五个圆饼由五个部分组成，取出后再放回各自相应的嵌板里。如图10.5所示。

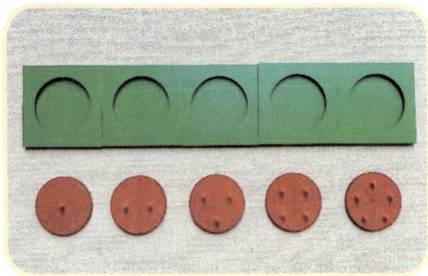

图10.5 圆饼分数第一组

⑤ 取代表1的完整圆饼，拿在手中，触摸和感受完整圆饼的整体性，左手握住握纽，右手临摹一遍圆饼外框，告诉孩子这是一个完整的圆形，它代表1，再放回嵌板里。

⑥ 接着，取来第二个圆饼，一块块地取出来，摆放在工作毯上，观察发现，它分成了2个大小一样的部分，分别拿在双手中，感受一下，告诉孩子其中的一半是1/2，另一半也是1/2，再拼回圆形放回去。

⑦ 介绍第三个圆饼，同样是一块块地取出来，摆放在工作毯上，发现它分成了3个大小一样的部分，拿在手中或摆在工作毯上对比感受一下，告诉孩子，这3个部分是一样大的，每一个都是1/3，它们合起来是1，再拼回圆形放回去。

⑧ 然后，用同样的方式介绍后面第四、第五个圆饼，它们的每一小部分分别叫1/4和1/5，再拼回圆形放回去。

⑨ 分别拿出1个代表1，1/2，1/3，1/4和1/5的部分圆饼教具，采用三段式语言教学法，再次介绍它们的名称，帮助孩子

建立对分数的认知，直到他们可以熟练清晰地说出这是什么。如图10.6所示。

⑩ 完成后收回教具和工作毯。

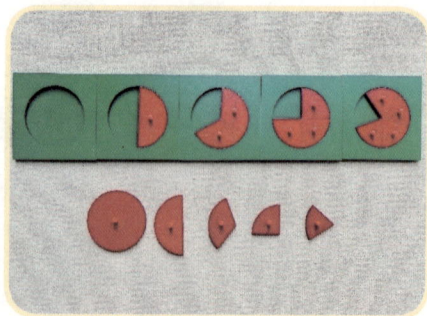

图10.6 圆饼分数的1，1/2，1/3，1/4和1/5

练习和拓展

① 根据示范，邀请孩子尝试独立操作。

② 对等分圆形板进行描边，自制投影卡片，给卡片的不同部分涂颜色。

③ 建构不同的分数。例如，建构3/4，5/7，4/8等。

④ 打乱所有小人的顺序，做配对的练习。

⑤ 比一比不同等分的部分的大小。

⑥ 建构出两个1/4，再与1/2对比大小。

参考年龄

5～6.5岁。

特别说明

① 圆饼分数的拓展练习还有很多，其中隐藏的规律可以让孩子自由探索。

② 结合剪纸或黏土等游戏，可以练习分数的呈现。

③ 鼓励孩子寻找生活中分数的实例，例如切蛋糕、等分剪纸等，为后续学习分数的概念和运算做准备。

后 记
没有感受过数学之美，不算真正启蒙

蒙台梭利曾在《吸收性心智》中提道："大多数人对数学都有一种心理障碍，认为数学抽象又难学。"

数学家郑乐隽在《数学思维》一书中写道："如果在学数学的过程中，孩子们总是得出错误的答案，而找不到错出在哪里，那么数学这门课就很可能会让他们失去信心。这就是为什么在数学教学中，很重要的一件事是理解学生的思维方式，并且指出他们思考过程中的逻辑错误在哪里，而不是只看最终答案是对是错。"

这样的心理障碍，恐怕很多孩子在刚刚接触到数学时就形成了。他们还没有见识过数学的真正美妙之处，就开始畏难了，多么可惜！

不能否认数学是抽象的学科，要想使它变得易于理解、易于学习，数学启蒙就要求我们必须从实际出发，从身边的生活出发，把难的概念用最简单的方式做出来，推算出来。它不仅可以推算出来，还可以讲出来，对抽象的概念先进行过程和本质的理解，这便是数学思维的建立过程。试想，如果没有经历这样打开数学心智的锻炼过程，学数学的确会变得困难重重。

数学启蒙教具是数学启蒙教育中非常重要的一部分，而这些启蒙教具大多数是20世纪极具影响力的教育家蒙台梭利发明和创造的，在此向她致敬。她的教育理念注重对生活能力的培养，同时也非常注重孩子早期智力的开发。

她认为，数学和语言都是抽象化的符号，语言的形式是没有意义的符号，而符号背后所指的含义，是人们赋予它的。经由语言表达出来的意义，才是语言真正的内涵。孩子对语言的掌握之所以容易，是因为孩子处在一个充满着大量具体语言的环境里。一个有利于学习语言的环境里，每日的听说读写有助于孩子积累语言的经验。

数学和语言一样，是抽象的。我们需要给孩子提供一个准备好的、具体的数学环境，让数学教具帮助他们积累具体的数学经验，促使他们主动钻研和探索数学的规律和奥秘，进而帮助他们理解复杂而抽象的数学概念。

数学能力的发展，离不开生活和感官的基础准备。而且，每一项练习都在上一项练习的基础之上进行。通过砂纸数字、彩色串珠、数棒、纺锤棒箱、数字与筹码、金色串珠、银行仓库、邮票游戏、长短珠链、加法板、减法板、乘法板和除法板等一系列精妙的数学教具操作，孩子从具体到抽象，充分理解十进制、数位、加法、减法、乘法、除法、分数等的本质和内涵，培养数感、创造性思维和逻辑思维。

我最初接触到蒙台梭利的教育，是在怀孕期间。当时我大量翻阅母婴育儿方面的书籍，在茫茫书海中我遇见了《童年的秘密》和《发现孩子》这两本蒙台梭利女士的经典之作。这期间，偶然一次，我爱人突然跑过来，兴奋地和我说："你看，《谷歌故事》里多次提到创始人早年在蒙台梭利学校的经历，看来蒙台梭利早教是从20世纪到现在的精英们的教育啊。"

的确，《西方教育史》称蒙台梭利女士是20世纪伟大的教育家。蒙台梭利教育发展了100多年，经过了时间和市场的双重洗礼，它是现代幼儿教育的里程碑，是新世纪新教育的起点，是留给我们的宝贵的教育财富。一旦我们利用好这些数学启蒙教具，就能够掌握很好的启蒙方法，从而让孩子在数学求知的道路上越走越好。

梁晓燕

2022年4月